Die Biografie als Schlüssel zu Verständnis
und Wertschätzung von Senioren

ROBERT A. DIETMAIR

Die Biografie als Schlüssel zu Verständnis und Wertschätzung von Senioren

Bibliografische Information der Deutschen Nationalbibliothek

Die Deutsche Nationalbibliothek verzeichnet diese Publikation
in der Deutschen Nationalbibliografie; detaillierte bibliografische
Daten sind im Internet über http://dnb.dnb.de abrufbar.

© 2023 Robert A. Dietmair

Coverdesign, Satz, Herstellung und Verlag:
BoD – Books on Demand, Norderstedt

ISBN 978-3-7519-3367-4

Inhalt

Vorwort

Die Idee zu diesem Buch kam mir, während ich die Biografie meines Vaters schrieb. Während der vorbereitenden Gespräche wurde mir schmerzlich bewusst, wie viel ich über sein Leben eigentlich nicht gewusst hatte. Immer wieder überraschte mich seine Sicht auf einzelne Ereignisse und sein zurückliegendes Leben. Im Laufe der Arbeit veränderte sich meine Einstellung zu meinem Vater. Es entwickelte sich ein tiefes Verständnis für sein Handeln und seine Persönlichkeit, das zuvor in dieser Form nicht existiert hatte. Nachdem ich die Biografie meines Vaters fertiggestellt hatte, war mein Verhältnis zu ihm grundlegend verändert. Ich begann, vieles differenzierter zu betrachten, und rückte von meinen oft vorschnellen Urteilen über ihn ab.

Vielen Menschen, die ihren Lebensabend in Seniorenheimen verbringen, droht, ein ähnliches Schicksal zu erleiden: vergessen und möglicherweise unverstanden zu bleiben. Aus diesem Grund ist es mir ein Anliegen, interessierten Menschen eine Anleitung zum Schreiben der Lebensgeschichte ihrer nahestehenden Personen zur Verfügung zu stellen. Ich hoffe, ihnen damit ein ähnliches

Erlebnis zu ermöglichen, wie ich es selbst erfahren durfte. Dieses Buch soll ihnen helfen, die Biografiearbeit in ihrem beruflichen oder persönlichen Umfeld erfolgreich umzusetzen. Es bietet ihnen wertvolle Tipps und praktische Anleitungen, um die Lebensgeschichten von Senioren festzuhalten und ihnen eine wertschätzende und einfühlsame Betreuung zu ermöglichen. An dieser Stelle möchte ich meinem Vater posthum meinen ausdrücklichen Dank aussprechen. Vier Monate nach Fertigstellung seiner Biografie ist er verstorben. Seine Geschichte zu dokumentieren und ihn besser verstehen zu können, war ein kostbares Geschenk.

Während ich dieses Buch schrieb, erhielt ich wertvolle Unterstützung von Erika Bauer, einer Fachkraft für Altenpflege, die mir wertvolle Einblicke in ihren beruflichen Alltag vermittelte. Durch sie konnte ich ein tieferes Einfühlungsvermögen für die Situation älterer Menschen entwickeln. An dieser Stelle möchte ich Erika meinen aufrichtigen Dank aussprechen.

Mit diesem Buch möchte ich Ihnen helfen, die Lebensgeschichte Ihrer nahestehenden Personen aufzuzeichnen und damit einen Schatz an Erinnerungen zu bewahren. Es ist meine Hoffnung, dass das Verfassen einer Biografie nicht nur Ihnen, sondern auch den kommenden Generationen ein wertvolles Erbe hinterlässt und dazu beiträgt, das Verständnis zwischen den Generationen zu fördern.

Vielen Dank für Ihr Interesse an diesem Buch und viel Freude beim Schreiben der Lebensgeschichte Ihrer Lieben.

Herzlichst

Robert Dietmair

1 Einleitung

Ältere Menschen leiden häufig unter dem Nachlassen insbesondere des Kurzzeitgedächtnisses, wohingegen Ereignisse, die schon Jahre oder Jahrzehnte zurückliegen, erstaunlicherweise sehr präsent sind. Gerade lange zurückliegende Ereignisse sind es aber, die die Identität eines Menschen über seine Lebenszeit prägen. Leider löst sich die Identität gerade von alten und kranken Menschen oft immer mehr auf, vor allem bei jenen, die an Demenz erkrankt sind.

Bei Menschen, die in Alten- oder Pflegeheimen untergebracht sind, bestimmen in der Regel starre und monotone, von organisatorischen Zwängen vorgegebene Tagesabläufe das tägliche Leben. Diese können ein Gefühl der Sicherheit und Ruhe vermitteln, aber auch dazu beitragen, Individualität einzuschränken und zurückzudrängen. Dies beginnt bei fixen Schlafens- und Essenszeiten und geht bis hin zu Einschränkungen eigener Vorlieben. Die Beschäftigung mit dem eigenen Leben, egal in welcher Form, sei es durch Erzählen oder auch durch Aufschreiben, kann helfen, den Verlust der Individualität hinauszuzögern und die Persönlichkeit eines älteren Menschen länger zu bewahren.

Die Arbeit in der Altenpflege erfordert in besonderem Maße Einfühlungsvermögen und Zuwendung. Dies ist umso besser möglich, als man den Menschen, mit dem man es zu tun hat, kennt. Deshalb ist Biografiearbeit nützlich. Durch Beschäftigung mit der Lebensgeschichte einer pflegebedürftigen Person lässt sich ein besseres Verständnis für seine Persönlichkeit und Bedürfnisse entwickeln. Man erfährt, welche Erfahrungen und Erlebnisse den Menschen geprägt haben und was ihm im Leben wichtig ist. Die Beschäftigung mit dem eigenen Leben führt zur Aufarbeitung vergangener Erlebnisse. Auch nach einem langen Leben kann man sich immer noch besser kennenlernen und selbst besser verstehen. Oft sieht man Geschehenes aus einem anderen Blickwickel als früher und bewertet es anders.

Manchmal mag die Beschäftigung mit dem eigenen Leben schmerzhaft sein – alte Wunden müssen aufgerissen werden, oder es wird einem bewusst, dass man bisher falsche Entscheidungen getroffen hat. Nicht immer muss Biografiearbeit bis zum »bitteren Ende« durchgezogen werden. Dennoch: Wer ein erfülltes Leben führen will, muss bereit sein, ehrlich zu sich selbst zu sein und Verantwortung für seine Handlungen zu übernehmen.

2 Biografiearbeit und Altenpflege

2.1 Was ist Biografiearbeit?

Biografiearbeit ist die Beschäftigung mit der Lebensgeschichte eines Menschen und stellt einen wichtigen Bestandteil der aktivierenden Altenpflege dar. Mit ihr werden die Lebenserinnerungen und Erfahrungen eines alten Menschen gesammelt und bewahrt und können weitergegeben werden. Sie hilft ihm, sein Leben zu verarbeiten, und gibt ihm ein Gefühl von Verständnis, Wertschätzung und Geborgenheit.

Im fortgeschrittenen Lebensabschnitt kann es für Menschen Trost spenden, sich an ihre Vergangenheit zu erinnern und sie neu zu bewerten. Wenn Erinnerungen aufgrund von Krankheit verblassen, kann dies für den Einzelnen besonders schmerzhaft sein. Man fühlt sich unvollständig und kann häufig in eine Depression abgleiten. Obwohl Biografiearbeit, wie viele Therapieformen, keine absolute Lösung bietet, kann sie dennoch unterstützend wirken. Biografiearbeit ist ein bedeutendes Instrument in der Altenpflege, hat jedoch ihre Grenzen.

Die Biografiearbeit hat in den letzten Jahren an Bedeutung gewonnen. Dies ist vor allem darauf zurückzuführen, dass die Zahl der alten Menschen in den Industrieländern ständig steigt. In Deutschland waren im Jahre 2021 etwa 20 Prozent der Bevölkerung zwischen 60 und 80 Jahre alt, mehr als 7 Prozent sogar 80 Jahre und älter (DESTATIS, 2023). Die meisten von ihnen werden irgendwann einmal auf Pflege angewiesen sein oder sind es bereits.

2.2 Warum ist es wichtig, die Biografie zu kennen?

Die Biografie eines Menschen ist ein wertvolles Dokument, das uns Einblicke in sein Leben und seine Persönlichkeit gibt. Sie ist von großer Bedeutung, weil sie die Entwicklung und Erfahrungen eines Menschen und die Essenz seiner Persönlichkeit widerspiegelt. Wir erfahren etwas über seine Werte, Interessen und Leidenschaften. Dieses Wissen kann uns dabei helfen, die Person besser zu verstehen, eine Beziehung zu ihr aufzubauen und ihre Wünsche und Bedürfnisse zu respektieren und ihr eine individuellere Betreuung und Pflege zukommen zu lassen.

Gemäß der Pflegeberufe-Ausbildungs- und -Prüfungsverordnung (PflAPrV) gehört es zu den Aufgaben von Pflegekräften, Biografiearbeit zu leisten. Sie »erheben soziale, familiale und biografische Informationen sowie

Unterstützungsmöglichkeiten durch Bezugspersonen und soziale Netzwerke bei Menschen aller Altersstufen« (BMJ, 2023).

Im Zentrum der Biografiearbeit in der Altenpflege steht das Wissen um die Lebensgeschichten der Pflegebedürftigen. Je mehr man als Pflegekraft über die einzelnen Personen weiß, desto mehr erkennt man sie als individuelle Menschen, als Persönlichkeit. Dieses Erkennen trägt zu einer respektvollen und wertschätzenden Pflege bei. Gleichzeitig ermöglicht das Wissen um eine Person, nichtpflegerische Angebote besser an sie anzupassen. Es wird einfacher, die Pflegebedürftigen zu erreichen und zu aktivieren. Ihr Wohlbefinden verbessert sich, sie fühlen sich wahrgenommen. Biografiearbeit in der Altenpflege kann allerdings keine Therapie ersetzen. Der Schwerpunkt der Biografiearbeit sollte auf den schönen Momenten des Lebens liegen.

2.3 Die Bedürfnisse von Senioren

Nach Artikel 4 der »Charta der Rechte hilfe- und pflegebedürftiger Menschen« hat jeder hilfe- und pflegebedürftige Mensch das Recht auf eine an seinen persönlichen Bedürfnissen ausgerichtete Pflege (BMFSFJ, 2015).

Senioren in Pflegeeinrichtungen haben in der Regel eine Vielzahl von Bedürfnissen, die erfüllt werden müssen, um ihre Lebensqualität zu verbessern, die sich je nach persönlicher Situation unterschiedlich darstellen.

Zu diesen Bedürfnissen gehören neben angemessener Ernährung, medizinischer Versorgung, Hygienebedarf und sicherem und komfortablem Wohnen auch kulturelle, weltanschauliche und religiöse Werte, die im Sinne einer kultursensiblen Pflege so weit wie möglich berücksichtigt werden müssen (BMFSFJ, 2015, Artikel 7).

Je nach individueller Persönlichkeit und Herkunft haben Senioren unterschiedlich ausgeprägte kulturelle, ethische, religiöse oder sprachliche Bedürfnisse, die berücksichtigt werden müssen. Dies beinhaltet beispielsweise Gebetseinrichtungen oder Übersetzungsbedarf.

Abhängig vom jeweiligen Gesundheitszustand haben Senioren Bedürfnisse, die ihre geistige Gesundheit und ihr Wohlbefinden verbessern und erhalten. Dazu gehören beispielsweise Aktivitäten, die ihre kognitiven Fähigkeiten fördern und geistige Herausforderungen bieten.

Insgesamt müssen die Bedürfnisse von Senioren in Pflegeeinrichtungen individuell und umfassend berücksichtigt werden, um ihre Lebensqualität und Zufriedenheit zu maximieren. Durch die Beschäftigung mit der Biografie älterer Menschen können Pflegekräfte und Betreuungspersonen Einblicke in ihre Vergangenheit, ihre Interessen und Werte gewinnen. Die Biografie kann dabei helfen, die Bedürfnisse der Senioren besser zu verstehen. Indem wir uns mit ihren Erfahrungen und Herausforderungen auseinandersetzen, können wir nachvollziehen, was ihnen wichtig ist und wie wir ihnen am besten helfen können.

2.4 Würde und Wertschätzung alter Menschen

Artikel 6 der Charta der Rechte hilfe- und pflegebedürftiger Menschen besagt: »Jeder hilfe- und pflegebedürftige Mensch hat das Recht auf Wertschätzung, Austausch mit anderen Menschen und Teilhabe am gesellschaftlichen Leben« (BMFSFJ, 2015).

Alte Menschen haben soziale Bedürfnisse, sie brauchen soziale Kontakte und Unterstützung, um sich nicht allein zu fühlen. Sie benötigen eine geeignete Umgebung und Aktivitäten, beispielsweise in Gruppen Gleichgesinnter, wo ihre Fähigkeiten und Interessen erkannt und berücksichtigt werden. Auch benötigen sie emotionale Unterstützung, die ihnen hilft, ihre Ängste, Frustrationen und Einsamkeit zu bewältigen. Sie brauchen jemanden, der ihnen zuhört und Verständnis zeigt.

Biografie mit den Senioren kann uns dabei helfen, sie besser zu würdigen. Indem wir uns mit seinen Leistungen und Erfolgen auseinandersetzen, erkennen wir, was ein alter Mensch in seinem Leben geleistet, welche Herausforderungen er gemeistert hat. Wir lernen vielleicht seine glücklichen Tage und Zeiten des Leides kennen und sehen den Menschen aus einem anderen Blickwinkel. Der alte Mensch sitzt uns nicht mehr als ein hilfloses und ausschließlich hilfebedürftiges Wesen gegenüber. Wir erkennen die Gesamtheit seiner Persönlichkeit und ent-wickeln Respekt und Achtung. Wir können seine Persön-lichkeit und seinen Beitrag zur Gesellschaft würdigen und ihn angemessen ehren.

Indem wir uns mit der Biografie auseinandersetzen, können wir die Persönlichkeit von Senioren besser ver-stehen und ihre Schwächen sowie Stärken erkennen. Sie hilft uns, Empathie und Respekt für die individuellen Erfahrungen des Einzelnen zu entwickeln, und kann als Grundlage für eine effektive Kommunikation und Be-ziehung dienen.

2.5 So kann Biografiearbeit die Pflege vereinfachen

»Für den Pflege- und Begleitalltag ist es hilfreich, Infor-mationen zu erhalten, die das übliche Maß an symptom-orientiertem Wissen ergänzen und erweitern« (Specht-To-mann, 2018, S. 28). Die Biografiearbeit bietet eine Möglichkeit zur Aktivierung der kognitiven Fähigkeiten und ermöglicht »ein Abrunden der jeweiligen Lebens-geschichte im Sinne einer ›Lebensrückschau‹ und ›Lebens-ernte‹ . Sie aktiviert Geist und Seele gleichermaßen und kann als wichtiges Instrument einer aktivierenden Alten-begleitung angesehen werden« (Specht-Tomann, 2018, S. 28).

Die Arbeit mit Erinnerungen geht über die gewöhn-liche Alltagskommunikation hinaus und erfordert ein höheres sprachliches Ausdrucksniveau. Durch das Teilen ihrer Geschichte können Senioren nicht nur ihr Gedächtnis trainieren, sondern auch ihr Selbstwertgefühl stärken. Es ist jedoch wichtig zu beachten, dass Menschen mit Demenz oder einem demenziellen Zustand möglicherweise nur noch eingeschränkt oder gar nicht mehr in der Lage sind, an der Biografiearbeit teilzunehmen. Hier gilt es, die Grenzen zu erkennen, um einen älteren Menschen nicht zu überfordern.

Die Biografiearbeit kann dazu beitragen, dass sich Pflegebedürftige verstanden fühlen und eine Beziehung zu ihren Betreuern aufbauen können. Es entsteht eine Atmosphäre des Vertrauens, in der sie sich öffnen können. Es ist jedoch zu bedenken, dass nicht jeder Senior von Natur aus mitteilungsfreudig ist, insbesondere dann, wenn er vor dem Einzug in ein Seniorenheim häufig allein oder vereinsamt war. Dennoch können auch zurückhaltende Menschen mit der Zeit beginnen, ihre Geschichten zu erzählen. Im Laufe der Zeit können sie möglicherweise offener auf Freizeitangebote und therapeutisch-pflegerische Maßnahmen reagieren.

Insgesamt trägt die Biografiearbeit nicht nur zur Verbesserung der pflegerischen Arbeit bei, sondern auch zum Wohlbefinden des Patienten selbst. Deshalb sollte sie ein fester Bestandteil jedes Altenpflegekonzepts sein.

3 Inhalte biografischer Arbeit

In der pflegerischen Arbeit steht die Person im Vordergrund. Deshalb ist es primäres Ziel in der biografischen Arbeit, die Person kennenzulernen. Dies kann man nicht, ohne zu verstehen, wie der einzelne Mensch zu dem geworden ist, was er ist. Er hat unterschiedliche Lebensphasen durchlebt und wurde von seinem familiären Hintergrund, seiner Ausbildung und seinem Berufsleben geprägt.

3.1 Die Persönlichkeit

Die Persönlichkeit eines Menschen bezieht sich auf die einzigartigen Merkmale, Eigenschaften, Verhaltensweisen, Überzeugungen und Einstellungen, die seine individuelle Identität und sein Verhalten prägen. Es handelt sich um das innere Wesen einer Person, das sich über einen längeren Zeitraum entwickelt hat und relativ stabil ist. Die Persönlichkeit umfasst eine Vielzahl von Aspekten.

Das Temperament bezieht sich auf angeborene

Eigenschaften, wie die Reaktionsweise auf Umweltreize, die emotionale Intensität oder das Aktivitätsniveau.

Der Charakter einer Person bezieht sich auf moralische Werte, Ethik, Integrität und Verantwortungsbewusstsein.

Unter Verhalten versteht man die Art und Weise, wie eine Person handelt, reagiert und sich in verschiedenen Situationen verhält, es spiegelt ihre Persönlichkeit wider.

Der Begriff der Kognition bezieht sich auf Denkmuster, kognitive Fähigkeiten und kreative Prozesse, die die Art und Weise beeinflussen, wie eine Person Informationen verarbeitet und Probleme löst.

Bei den Interessen und Vorlieben handelt es sich um die individuellen Präferenzen und Neigungen einer Person, sei es in Bezug auf Hobbys, Beruf oder andere Aktivitäten.

Die Persönlichkeit ist extrem komplex und nicht starr und entwickelt sich im Laufe des Lebens weiter. Sie wird durch eine Kombination von genetischen, biologischen, sozialen und Umweltfaktoren geformt. Das gesellschaftliche und kulturelle Umfeld spielt ebenfalls eine tragende Rolle. Insgesamt ist die Persönlichkeit eines Menschen ein komplexes und einzigartiges Zusammenspiel verschiedener Merkmale und Einflüsse, die seine individuelle Identität formen.

Zur Persönlichkeitsbildung tragen auch Faktoren wie persönliche Beziehungen, Erlebnisse und Erfahrungen bei, die der Mensch aktiv oder passiv durchlebt hat.

Die Persönlichkeit eines Menschen wird maßgeblich von der Erziehung durch Eltern und Schule geprägt. Während der Jugendzeit gewinnt auch der Freundeskreis an Bedeutung und übt einen starken Einfluss auf die

Persönlichkeitsentwicklung aus. Im Erwachsenenalter steht die eigene Familie im Fokus und beeinflusst maßgeblich den Lebensweg. Im Laufe des Lebens kann sich eine Persönlichkeit weiterentwickeln und verändern, sowohl zum Positiven als auch zum Negativen. Im Gespräch mit älteren Menschen können Fragen zu folgenden Eckpunkten wertvolle biografische Informationen liefern:

➢ Welche Gewohnheiten, Vorlieben und Abneigungen hat eine Person bezüglich Ernährung, Kleidung und Hygiene?
➢ Wie denkt die Person? Welche persönlichen Sichtweisen, Einstellungen und Glaubensvorstellungen hat sie?
➢ Welche Erfahrungen hat der ältere Mensch in seiner Kindheit und Jugend gemacht?
➢ Welche Sinneserfahrungen hat er gemacht? Was hat er gesehen, gehört, gerochen, geschmeckt und gefühlt?
➢ Welche Tätigkeiten bereiten ihm Glück?
➢ Welche Interessen und Hobbys hat er? War er Mitglied in einem Verein?
➢ Welche Wünsche, Hoffnungen und Ängste beschäftigen ihn?
➢ Welche Ansichten und Vorstellungen vertritt er?

Diese Fragen sollten nicht wie in einem Interview nacheinander gestellt werden, sondern einen Leitfaden darstellen, der geschickt in das Gespräch eingeflochten werden kann.

3.2 Die Lebensphasen des Menschen

Im Laufe eines Lebens blick man nicht nur auf Einzelereignisse zurück, sondern auch auf Lebensabschnitte. Grundsätzlich sind einzelne Lebensphasen frei bestimmbar, dennoch gibt es eine Reihe von biologischen und sozialen Determinanten einzelner Phasen, wie das biologische Heranwachsen eines Menschen in Kindheit und Jugend oder das Erlernen sozialer Verhaltensweisen und Normen in der Jugend zusammen mit dem langsamen Loslöseprozess vom Elternhaus.

Die Einteilung eines menschlichen Lebens in Phasen wird schon seit mehr als zweitausend Jahren in allen Kulturkreisen vorgenommen. Es gibt deshalb auch eine Vielzahl unterschiedlicher mehr oder weniger differenzierter Konzepte. Eine gängige Einteilung erfolgt nach dem biologischen Alter des Menschen, wobei man zwischen Kindheit, Jugend, Erwachsenen- und Seniorenalter unterscheidet.

Konfuzius, der chinesische Philosoph und Gelehrte, hat das menschliche Leben grundsätzlich in drei Lebensphasen eingeteilt, wobei die Lebensphasen nicht streng definiert sind, sondern fließend ineinander übergehen und sich, je nach individuellen Entwicklungen und Umständen, unterschiedlich gestalten können:

In der Phase der Kindheit wird das Kind von seinen Eltern und Lehrern geprägt. Es lernt grundlegende

Fähigkeiten und Werte wie Respekt, Ehrlichkeit, Loyalität und Mitgefühl. Im Erwachsenenalter übernimmt der Mensch Verantwortung für seine Familie und seine Gemeinschaft. Er setzt die Werte und Fähigkeiten um, die er in seiner Kindheit erworben hat, und arbeitet hart daran, seine Ziele zu erreichen. Im Alter wird der Mensch weiser und reflektiert über sein Leben und seine Erfahrungen. Er teilt seine Weisheit und Erfahrungen mit den Jüngeren und trägt zum Wohle der Gemeinschaft bei.

Konfuzius betonte die Bedeutung von Bildung und moralischer Entwicklung, um ein erfülltes und harmonisches Leben in jeder Phase zu erreichen.

Bei Hippokrates, dem griechischen Arzt und Vater der modernen Medizin, wird zwischen Kindheit und Jugend unterschieden. In der Kindheit (bis zum Alter von sieben Jahren) entwickelt sich der Körper des Kindes und es lernt grundlegende Fähigkeiten wie Laufen und Sprechen. In der Jugend (sieben bis einundzwanzig Jahre) wächst der Körper weiter und der Geist des Jugendlichen wird zunehmend komplexer. Die emotionale Entwicklung und das Selbstbewusstsein nehmen im Idealfall zu. Im Alter (zweiundvierzig bis dreiundsechzig Jahre) beginnt der Körper zu altern und es können gesundheitliche Probleme auftreten. Der Mensch hat jedoch auch mehr Weisheit und Erfahrung, um mit den Herausforderungen des Lebens umzugehen.

Schon allein die Altersgrenzen zeigen, dass dieses Phasenkonzept nicht mehr ganz zeitgemäß und schon gar nicht wissenschaftlich haltbar ist. Nach Hippokrates endet das Leben mit dreiundsechzig Jahren, was zu seiner Zeit als »vollendetes Alter« angesehen wurde. Es wäre deshalb sinnvoll, dem Konzept von Hippokrates eine weitere Phase, die des hohen Alters, hinzuzufügen. Das hohe Alter beginnt individuell unterschiedlich, bei einigen Menschen vielleicht schon mit dreiundsechzig Jahren, bei anderen erst ab siebzig. Bei dieser Altersgruppe handelt es sich nicht um eine homogene Gruppe. Mit Blick auf die Gesundheit oder die praktizierte Lebensform gibt es große Unterschiede. Von hochbetagten Menschen spricht man üblicherweise ab einem Alter von über achtzig Jahren.

3.3 Ausbildung und berufliches Umfeld

Die Schulzeit, ein Studium oder eine Berufsausbildung prägen einen Menschen auf vielfältige Weise. In diesem neuen sozialen Umfeld geht es nicht mehr nur um die Familie. Außerhalb der Familie kann ein Jugendlicher mit unterschiedlich gesinnten Menschen konfrontiert sein, die ihm Konkurrenz, Neid und Feindseligkeit entgegenbringen. Diese Herausforderungen können eine Zeit des Wachstums und der persönlichen Entwicklung darstellen. Der Jugendliche erwirbt neue Fähigkeiten und Kompetenzen, entdeckt seine Stärken und Schwächen und findet heraus, was ihm im Leben wirklich wichtig ist. Nach Abschluss der Ausbildungszeit tritt man üblicherweise ins Berufsleben ein, was einen tiefgreifenden Einschnitt im bisherigen Leben bedeutet. Der Alltag ändert sich von Grund auf, sowohl im Tagesablauf als auch im gesellschaftlichen Umfeld. Mit eigenem

Einkommen erweitert sich der finanzielle Handlungsspielraum und das Selbstbewusstsein steigt. Gleichzeitig muss man sich im Berufsleben immer wieder behaupten. In der Familie genießt man den Schutz des vertrauten Umfelds. Eine liebevolle Mutter verzeiht ihrem Kind alles, unabhängig vom Alter. Die Gestaltung des beruflichen Lebensabschnitts hängt natürlich von der ausgeübten Tätigkeit ab. Hat eine Person ihr Leben lang körperlich hart gearbeitet und dennoch in finanziell schwierigen Verhältnissen gelebt? Oder war das Berufsleben von intellektuellen Tätigkeiten geprägt und die Person hat in finanzieller Sicherheit, ohne Sorgen oder sogar im Wohlstand gelebt?

Die Art und Qualität der Beziehungen, die einen Menschen über viele Jahrzehnte hinweg geprägt haben, sind ebenso bedeutsam. Hat die Person viele Jahre in einer erfüllten Ehe verbracht und wurde von einem liebevollen und unterstützenden Freundeskreis umgeben? Ist der Senior Teil einer eng verbundenen Familie mit Kindern und Enkelkindern, die ihm oder ihr Halt und Unterstützung bieten? Oder hat es Enttäuschungen und das Ende von Beziehungen gegeben, die den Lebensweg gezeichnet haben?

3.4 Gesellschaftliches Umfeld

Die Bewohner von Seniorenheimen haben eine beeindruckende Zeitspanne der Geschichte durchlebt und oft bemerkenswerte Lebensgeschichten zu erzählen. Sie haben nicht nur den Zweiten Weltkrieg miterlebt, sondern einige von ihnen auch die Ära davor oder sie wurden sogar noch in der Weimarer Republik geboren. Diese Menschen sind Zeitzeugen eines bedeutenden historischen Wandels und haben den Übergang zwischen verschiedenen politischen Systemen hautnah miterlebt. Ihre Erfahrungen sind von einer Vielzahl von Erlebnissen und Erinnerungen geprägt, die von Person zu Person unterschiedlich verarbeitet wurden.

Viele von ihnen haben als junge Menschen den Ausbruch des Zweiten Weltkriegs erlebt und mussten sich mit den Herausforderungen und Entbehrungen einer Kriegszeit auseinandersetzen. Sie haben möglicherweise persönliche Geschichten über den Verlust von Angehörigen, den Wiederaufbau von Städten und die Bemühungen, ein normales Leben inmitten der Zerstörung wiederherzustellen.

Darüber hinaus haben einige dieser Senioren sogar die Zeit vor dem Zweiten Weltkrieg erlebt, als die politische Landschaft Europas von den Spannungen des aufkommenden Nationalsozialismus und anderen politischen Ideologien geprägt war. Sie haben möglicherweise den Aufstieg und den Einfluss von Figuren wie Adolf Hitler miterlebt und waren Zeugen des sozialen und kulturellen Wandels, der sich in dieser Zeit vollzog.

Diejenigen, die sogar noch in der Weimarer Republik geboren worden sind, haben eine noch tiefere Perspektive auf die Geschichte. Sie haben die Hoffnungen und Herausforderungen einer Zeit miterlebt, die von politischen und wirtschaftlichen Unsicherheiten geprägt war. Der Übergang von der Weimarer Republik zu Nazideutschland und die damit verbundenen Veränderungen des Alltagslebens sind für sie besonders präsent.

Diese individuellen Erfahrungen und Erinnerungen wurden von Person zu Person unterschiedlich verarbeitet. Einige mögen ihre Vergangenheit mit Stolz und Resilienz betrachten, während andere vielleicht immer noch mit den traumatischen Erlebnissen der Vergangenheit kämpfen. Jeder Einzelne hat auf einzigartige Weise auf diese historischen Wendepunkte reagiert und sein Leben danach gestaltet.

In den Seniorenheimen finden sich deshalb Menschen mit einer reichen Vielfalt an Erzählungen, die es wert sind, gehört und gewürdigt zu werden. Indem wir ihnen zuhören und ihre Geschichten teilen, können wir nicht nur ihr individuelles Leben besser verstehen, sondern auch wertvolle Lektionen aus der Geschichte lernen und die Bedeutung des historischen Wandels für unsere heutige Zeit erkennen.

3.5 Kultureller Hintergrund

In den letzten Jahren hat sich die demografische Zusammensetzung in Seniorenheimen verändert, sodass immer mehr Menschen betreut werden, die ursprünglich nicht aus demselben Kulturkreis stammen wie die Mehrheit der Bewohner und Pflegekräfte. Dies kann zu einer Problematik führen, weil diese Personen oft als fremd empfunden werden und es schwierig sein kann, eine angemessene Verbindung und Kommunikation mit ihnen aufzubauen.

Die Herausforderungen bei der Betreuung von Menschen mit unterschiedlichen kulturellen Hintergründen sind vielfältig. Es können Sprachbarrieren bestehen, die die Kommunikation erschweren, oder kulturelle Unterschiede in Bezug auf Traditionen, Gewohnheiten und Erwartungen können zu Missverständnissen und Konflikten führen. Darüber hinaus können kulturelle Unterschiede auch Auswirkungen auf die Pflegebedürfnisse und -praktiken haben. Ein respektvoller Umgang mit der kulturellen Identität und den individuellen Bedürfnissen der Bewohner ist deshalb von großer Bedeutung.

In Bezug auf die Wahrnehmung der Lebensleistung und Würde alter Menschen gibt es kulturelle Unterschiede. In einigen Kulturen werden ältere Menschen traditionell hoch geschätzt und respektiert, während in anderen Kulturen möglicherweise weniger Wertschätzung vorhanden ist. Es ist wichtig anzumerken, dass es sich hier um allgemeine Trends handelt und individuelle Unterschiede innerhalb jeder Kultur existieren können.

Einige Kulturen, insbesondere in Asien, wie beispielsweise in China, Japan oder Korea, haben eine starke Tradition der Verehrung und des Respekts vor älteren Menschen. Ältere Familienmitglieder werden als Quelle der Weisheit, Erfahrung und Autorität angesehen. Ihre Meinungen und Ratschläge werden oft hoch geschätzt und respektiert. In diesen Gesellschaften besteht eine Verpflichtung, sich um ältere Familienmitglieder zu kümmern und ihre Bedürfnisse zu respektieren.

In einigen afrikanischen Kulturen wird den älteren Menschen ebenfalls eine hohe Anerkennung entgegengebracht.

Sie werden als Hüter des Wissens und der Traditionen angesehen und haben oft eine wichtige Rolle in der Gemeinschaft. Ihre Erfahrungen und Weisheit werden geschätzt und respektiert.

Im Gegensatz dazu haben viele westliche Gesellschaften, die von leistungsorientierten Werten geprägt sind, oft eine geringere Wertschätzung für die Lebensleistung und Würde alter Menschen. Der Schwerpunkt liegt häufig auf Produktivität und Jugendlichkeit, während das Alter manchmal als Hindernis oder Last betrachtet wird. Dies kann dazu führen, dass ältere Menschen in diesen Gesellschaften unsichtbar gemacht oder abgewertet werden.

Natürlich sind auch kulturelle Werte und Einstellungen im Laufe der Zeit einem Wandel unterworfen. In einigen westlichen Gesellschaften gibt es zunehmend Bestrebungen, das Bewusstsein für die Wertschätzung älterer Menschen zu stärken und Altersdiskriminierung zu bekämpfen. Initiativen wie intergenerationale Programme, die den Austausch und die Zusammenarbeit zwischen verschiedenen Altersgruppen fördern, können dazu beitragen, das Verständnis und die Wertschätzung für ältere Menschen zu fördern.

Der Begriff »kultursensible Pflege« gewinnt in der Pflegebranche zunehmend an Bedeutung. Er bezieht sich auf einen Ansatz, bei dem die kulturellen Hintergründe und Bedürfnisse der zu pflegenden Personen berücksichtigt werden. Kultursensible Pflege bedeutet, dass Pflegekräfte ein Bewusstsein für kulturelle Unterschiede haben und ihr Handeln und ihre Kommunikation entsprechend anpassen, um eine angemessene Versorgung sicherzustellen.

Ein wesentlicher Aspekt der kultursensiblen Pflege ist die Anerkennung der individuellen Lebensgeschichte der älteren Menschen. Oft haben Menschen mit Migrationshintergrund eine Biografie, die von ihren Erfahrungen, Werten und Traditionen geprägt ist. Indem sich Pflegekräfte mit der Biografie der Bewohner auseinandersetzen, können sie ein tieferes Verständnis für deren Bedürfnisse und Perspektiven entwickeln. Dies ermöglicht eine persönlichere und empathischere Pflege, die auf die individuellen Lebenserfahrungen und kulturellen Hintergründe der Bewohner eingeht.

Die Beschäftigung mit den Lebensgeschichten der Menschen in der kultursensiblen Pflege kann auch dazu beitragen, Stereotype und Vorurteile abzubauen. Indem Pflegekräfte die individuellen Geschichten und den Beitrag jedes einzelnen Bewohners zur Gesellschaft würdigen, können sie eine Atmosphäre der Wertschätzung und Inklusion schaffen.

Es ist wichtig anzumerken, dass kultursensible Pflege nicht nur die Verantwortung der Pflegekräfte, sondern auch eine Aufgabe für das gesamte Pflegeheim und die Gesellschaft als Ganzes ist. Die Schaffung einer inklusiven Umgebung erfordert Sensibilisierung, Schulungen und Ressourcen, um sicherzustellen, dass die Bedürfnisse und Rechte aller Bewohner respektiert werden.

Insgesamt ist die Problematik der Betreuung von Menschen mit unterschiedlichem kulturellem Hintergrund in Seniorenheimen eine Herausforderung, die zunehmend Beachtung findet. Durch eine kultursensible Pflege, die auf Verständnis, Respekt und Wertschätzung basiert, kann

eine angemessene Versorgung gewährleistet und das Wohlbefinden der Bewohner gefördert werden.

Es ist wichtig, dass wir uns bewusst sind, wie wir als
Gesellschaft ältere Menschen behandeln und wie wir ihre
Lebensleistung und Würde wertschätzen. Eine respektvolle
und würdevolle Haltung gegenüber älteren Menschen ist
Zeichen einer gerechten und mitfühlenden Gesellschaft,
unabhängig von kulturellen Unterschieden.

3.6 Historische Ereignisse

Historische Ereignisse im Leben eines Menschen be-
schränken sich nicht ausschließlich auf globale politische
Geschehnisse. Vielmehr sind es oft Ereignisse im unmittelbaren Umfeld, wie beispielsweise in der Kommunalpolitik, die das Leben eines Menschen prägen. Je direkter
eine Person von einem Ereignis betroffen ist, desto stärker
kann es sich auf ihren Lebenslauf auswirken. Während
internationale Ereignisse zweifellos einen gewissen Einfluss haben können, sind es doch oft die im persönlichen
Umfeld auftretenden Ereignisse, die eine tiefgreifende
Wirkung auf das Leben eines Menschen haben. Geschehen-
nisse in der Kommunalpolitik, in der Nachbarschaft oder
in der unmittelbaren Umgebung können die Lebensumstände unmittelbar beeinflussen und die Lebensent-
scheidungen einer Person maßgeblich prägen. Diese Ereignisse können politische Veränderungen, infrastrukturelle
Entwicklungen oder soziale Bewegungen umfassen. Beispiele dafür sind kommunale Bauprojekte, die Schaffung

neuer Bildungseinrichtungen, Veränderungen in der Infrastruktur oder Entscheidungen zur Umwelt- und Gesundheitspolitik auf lokaler Ebene. Solche Ereignisse haben oft direkte Auswirkungen auf das tägliche Leben der Menschen, ihre Wohnsituation, Bildungsmöglichkeiten, Arbeitsbedingungen und Weiteres. Deshalb ist es wichtig, die Bedeutung und den Einfluss von Ereignissen im nahen Umfeld eines Menschen bei der Betrachtung seines Lebenslaufs zu berücksichtigen, um ein umfassendes Bild der prägenden Erfahrungen zu erhalten.

3.7 Wichtige Bezugspersonen

Im Verlauf eines langen und ereignisreichen Lebens begegnen wir in der Regel Menschen, die eine herausragende Rolle spielen. Diese besonderen Personen prägen unsere Erfahrungen und haben einen nachhaltigen Einfluss auf unser Leben. Dabei beschränkt sich diese Gruppe nicht nur auf lebenslange Partner, sondern schließt auch enge Freunde oder sogar öffentliche Vorbilder ein, an denen wir uns gern orientieren.

Lebenslange Partner sind oft diejenigen, die uns auf unserem gesamten Lebensweg begleiten. Sie teilen mit uns die Höhen und Tiefen, und ihre Anwesenheit und Unterstützung geben uns Stärke und Sicherheit. Durch ihre Liebe und Hingabe tragen sie maßgeblich zu unserem Wohlbefinden und unserer persönlichen Entwicklung bei.

Auch Freunde können eine außerordentliche Bedeutung

in unserem Leben haben. Sie sind diejenigen, mit denen wir besondere Erinnerungen oder Geheimnisse teilen und die uns in schwierigen Zeiten unterstützen. Freundschaften geben uns das Gefühl von Gemeinschaft und Zusammengehörigkeit, und sie erweitern unseren Horizont, indem sie uns neue Perspektiven und Erfahrungen bieten. Positive oder negative Erfahrungen in romantischen Beziehungen, Freundschaften oder familiären Beziehungen können das Vertrauen, die Bindungsfähigkeit und das emotionale Wohlbefinden einer Person prägen.

Darüber hinaus können öffentliche Vorbilder eine inspirierende und lehrreiche Rolle spielen. Es können Persönlichkeiten sein, die in ihrem Bereich außergewöhnliche Leistungen erbracht haben und uns mit ihrem Erfolg motivieren. Indem wir uns an ihnen orientieren, können wir unsere eigenen Ziele setzen und anstreben, unser Potenzial voll auszuschöpfen.

All diese Menschen, seien es der lebenslange Partner, enge Freunde oder öffentliche Vorbilder, formen die einzigartige Reise unseres Lebens. Sie sind Teil der Geschichte und haben uns geholfen, zu den Menschen zu werden, die wir heute sind. Ihre Einflüsse und Beiträge verdienen unsere Anerkennung und Wertschätzung.

Wichtige Bezugspersonen schließen auch Haustiere ein. Ältere Menschen erinnern sich oft gern an ihre früheren Haustiere zurück, die eine bedeutende Rolle in ihrer Familie gespielt haben. Insbesondere für ältere Menschen, die in den letzten Jahren allein gelebt haben, war das Haustier oft der einzige treue Gefährte. Es war immer da, musste versorgt werden, und dies war eine wichtige Aufgabe für

Senioren. Das Haustier bot Unterhaltung, Abwechslung und spendete bei Bedarf Trost.

3.8 Prägende Ereignisse

In jedem Menschenleben gibt es Ereignisse, die man lebenslang nicht vergisst. Dabei muss es sich nicht immer um außergewöhnliche Ereignisse von großer Tragweite handeln. Wichtig ist die subjektive Bedeutung. Gern wird als Beispiel oft der erste Kuss oder das erste Mal Fliegen genannt. Auch ein Wechsel des Wohnortes oder eine Migration stellen einen bedeutenden Schritt dar, bei dem eine Person sich in eine neue Umgebung begibt, insbesondere in ein anderes Land. Dieser Schritt birgt eine Vielzahl von Herausforderungen und erfordert Anpassungen, die das Leben eines Menschen in zahlreicher Hinsicht beeinflussen können.

Im Laufe eines Lebens können sowohl Erfolge als auch Misserfolge auftreten, die verschiedene Lebensbereiche, wie Bildung, Karriere, Sport oder kreative Bestrebungen, betreffen. Die Erreichung persönlicher Ziele oder das Scheitern in diesen Bereichen können das Selbstvertrauen einer Person maßgeblich beeinflussen und Auswirkungen auf ihre Motivation haben. Erfolge können dazu ermutigen, weiterhin nach Höherem zu streben, während Misserfolge zu Selbstreflexion und Neuausrichtung anregen können. Menschen in hohem Alter blicken oft noch immer auf diese weit zurückliegenden Ereignisse zurück, manchmal aus Wehmut, manchmal einfach deshalb, weil sie Vergangenes immer noch nicht vollständig verarbeitet haben.

Auch kulturelle oder religiöse Erfahrungen können eine tiefgreifende Wirkung auf das Leben eines Menschen haben. Die Teilhabe an spezifischen kulturellen oder religiösen Gemeinschaften ermöglicht es einer Person, neue Perspektiven zu gewinnen und ihr Weltbild zu erweitern. Diese Erfahrungen formen die Werte und die Identität einer Person und prägen demnach ihre Sichtweise auf die Welt.

Insgesamt sind Umzüge, Migrationen und kulturelle/religiöse Erfahrungen entscheidende Ereignisse im Leben eines Menschen. Sie bringen Veränderungen, Herausforderungen und Chancen mit sich, die das individuelle Wachstum und die persönliche Entwicklung fördern können.

Es ist wichtig anzumerken, dass prägende Ereignisse von Person zu Person unterschiedlich sind und die individuellen Erfahrungen und die Art und Weise, wie sie verarbeitet werden, den Einfluss auf das Leben eines Menschen bestimmen können.

In jedem Leben gibt oder gab es prägende Phänomene, an die sich der Mensch ein Leben lang erinnert und die seine Persönlichkeit geformt haben. Wichtige Personen in der Kindheit, häufig die Eltern oder Verwandte, beeindruckende Ereignisse oder Orte haben sich über ein langes Leben tief in das Bewusstsein eingegraben.

Auch bestimmte Vorlieben, wie Musik oder kulinarische Vorlieben, prägen eine Person (»Ich habe es immer geliebt, zur Musik von Vivaldi mediterran zu essen.«).

Im Rahmen der Biografiearbeit sind also nicht nur die objektiven Fakten entscheidend, sondern das persönliche, subjektive Erleben, die mit den Ereignissen verbundene Freude oder das Leid und der Schmerz.

Alte Menschen, die noch den Zweiten Weltkrieg erlebt haben, blicken häufig mit Wehmut auf ihre jüngeren Jahre zurück. Viele verlorene Jugendjahre, menschliche Verluste und finanzielle Not nach dem Krieg in den Jahren des Wiederaufbaus haben diese Menschen stark geprägt. Auch das Thema Vertreibung spielt bei sehr vielen älteren Menschen eine Rolle. Sie haben ihre frühere Heimat noch vor Augen, aus der sie als Kinder oder Jugendliche mit ihren Eltern vertrieben wurden. Oft stellte die Vertreibung ein jähes Ende einer bis dahin unbeschwerten Kindheit dar.

Im Rahmen der biografischen Arbeit ist diese schwierige Lebensphase mit äußerstem Feingefühl zu behandeln. Manche Senioren sprechen offen über diese Zeit und wiederholen immer wieder die alten Erlebnisse, andere dagegen haben dieses Thema verdrängt und würden diese Zeit am liebsten aus ihrem Gedächtnis streichen. Es liegt an der Verantwortung der betreuenden Person, die jeweilige Gefühlslage zu erkennen.

Der Eintritt in den Ruhestand oder der Umzug in ein Pflegeheim markieren bedeutende Wendepunkte im Leben älterer Menschen. Nach einem jahrzehntelangen Berufsleben können einige Menschen in ein tiefes Loch fallen, weil der Alltag ohne die berufliche Verpflichtung neu strukturiert werden muss. Die gewohnte Routine bricht weg und es entsteht ein Vakuum, das mit neuen Aktivitäten und Sinnhaftigkeit gefüllt werden muss.

Der Ruhestand bringt auch eine Veränderung der sozialen Interaktionen mit sich. Kollegen, mit denen man jahrelang zusammengearbeitet hat, sind plötzlich nicht mehr Teil des täglichen Lebens. Der Verlust dieses vertrauten Netzwerks kann zu Einsamkeit und einem Gefühl des Verlusts der Identität führen. Es erfordert Anpassung und die Suche nach neuen sozialen Kontakten, um die Lücke zu füllen und ein erfülltes soziales Leben im Ruhestand zu führen.

Der Umzug in ein Pflegeheim kann ebenfalls eine tiefe emotionale Herausforderung darstellen. Er ist mit dem Verlust an Eigenständigkeit und der Abhängigkeit von anderen verbunden. Der Wechsel in eine Pflegeeinrichtung bedeutet oft den Abschied von einem vertrauten Zuhause, in dem man viele Jahre verbracht hat. Es kann das Gefühl des Abgeschobenwerdens oder des Kontrollverlusts über das eigene Leben verstärken.

Dennoch ist es wichtig anzumerken, dass der Ruhestand und der Umzug in ein Pflegeheim auch neue Chancen und Perspektiven bieten. Der Ruhestand ermöglicht es Menschen, sich auf andere Aspekte des Lebens zu konzentrieren, wie zum Beispiel Hobbys, Reisen, ehrenamtliche Tätigkeiten oder die Zeit mit der Familie zu genießen. Ein Pflegeheim kann eine unterstützende Umgebung bieten, in der die individuellen Bedürfnisse und Pflegeanforderungen erfüllt werden. Es ermöglicht auch den Zugang zu einem sozialen Netzwerk von Gleichgesinnten und die Teilnahme an Aktivitäten, die das geistige und körperliche Wohlbefinden fördern.

Insgesamt ist es wichtig, die Herausforderungen und Veränderungen anzuerkennen, die der Eintritt in den Ruhestand und der Umzug in ein Pflegeheim mit sich bringen. Gleichzeitig sollten wir die neuen Möglichkeiten und die Chance auf ein erfülltes und bereicherndes Leben in dieser Phase würdigen. Es erfordert Anpassung, Offenheit und die Bereitschaft, neue Wege zu gehen, um die besten Erfahrungen und das Wohlbefinden im Ruhestand und in der Pflegeheimumgebung zu finden.

Gerade im Alter sind Menschen oft mit Verlust und Trauer konfrontiert, sei es durch den Tod von Freunden, Familienmitgliedern, Nachbarn oder entfernten Bekannten. Wenn Personen bereit sind, darüber zu sprechen, kann man im Rahmen der Biografiearbeit auch im Umgang mit diesen Verlusten unterstützen und helfen, diese zu verarbeiten.

Im Leben können einschneidende Erlebnisse nicht nur negative Ereignisse oder schwierige Situationen umfassen, sondern auch Glücksfälle und positive Wendungen. Es gibt Momente, in denen das Schicksal durch einen glücklichen Zufall zugunsten einer Person eingegriffen und ihr Leben positiv beeinflusst hat. Ein Beispiel für einen Glücksfall könnte der Erhalt eines guten Jobs gewesen sein. Manche Menschen hatten das Glück, zur richtigen Zeit am richtigen Ort zu sein und eine berufliche Chance ergreifen zu können, die ihnen neue Möglichkeiten und Perspektiven eröffnete und finanzielle Stabilität, berufliche Entwicklung und persönliche Zufriedenheit zur Folge hatte.

Auch Erbschaften oder der Gewinn in einer Lotterie haben das Leben von Menschen schon oft verändert. Der plötzliche Reichtum hat neue Möglichkeiten eröffnet, den manch einer gut genutzt hat oder auch nicht. Es gibt leider auch Beispiele dafür, dass gerade unerwartet eingetretener

Reichtum zu einem Lebensstil geführt hat, der letztlich das Verderben mit sich brachte.

3.9 Gesundheitliche Aspekte

Der Lebenslauf ist Teil der Biografie. Aber er zeigt nur die Eckdaten des Lebens an: Wann jemand geboren wurde, die schulische Laufbahn und den Weg durchs Berufsleben. Auch die medizinischen Unterlagen zeigen ein Stück Biografie. Man kann erfahren, wie es gesundheitlich um die Bewohner steht, welche Unterstützung sie im Alltag benötigen und welche Medikamente sie regelmäßig einnehmen.

Mit der Gesundheit ist es so eine Sache. Wenn einem nichts wehtut und man keine Beschwerden hat, nimmt man seine Gesundheit nicht wahr, geschweige denn, dass man täglich dafür dankbar wäre. Das Alter kommt schleichend.

Mit zunehmendem Alter durchläuft der Körper verschiedene Veränderungen, die auf biologische, genetische und umweltbedingte Faktoren zurückzuführen sind. Einige der häufigsten altersbedingten körperlichen Veränderungen sind Muskel- und Knochenabbau verbunden mit einem erhöhten Risiko von Frakturen, Osteoporose und Mobilitätsproblemen. Die Sehkraft nimmt im Alter ab und viele ältere Menschen leiden unter Hörverlust. Veränderungen der Haut führen dazu, dass sie immer dünner und empfindlicher wird, und die Abnahme der Immunfunktion führt oft zu einer erhöhten Anfälligkeit für

Infektionen und Krankheiten. Dies sind nur einige mögliche Veränderungen, die individuell sehr unterschiedlich ausfallen und nicht bei jedem Menschen in gleichem Maße auftreten müssen.

Plötzliche und unerwartete Krankheiten oder Unfälle können zu drastischen Veränderungen im Leben eines Menschen führen, die sich in vielfältiger Weise auswirken. Neben den offensichtlichen körperlichen Einschränkungen, die mit solchen Ereignissen einhergehen, können sie auch erhebliche Auswirkungen auf die psychische Gesundheit und die finanzielle Stabilität haben.

Neben den physischen Auswirkungen können auch psychische Probleme auftreten. Menschen, die mit plötzlichen Krankheiten oder Unfällen konfrontiert sind, können beispielsweise von Angst, Trauer, Wut oder Depressionen emotional herausgefordert sein. Der Verlust von Gesundheit und Unabhängigkeit, die Anpassung an veränderte Lebensumstände und die Bewältigung von Schmerzen können zu erheblichem emotionalem Stress führen. Es ist wichtig, diese psychischen Auswirkungen anzuerkennen und Unterstützung bei Therapeuten, Beratern oder Selbsthilfegruppen zu suchen, um Wege zur Bewältigung und zum Umgang mit den Herausforderungen zu finden.

Darüber hinaus können plötzliche Krankheiten oder Unfälle auch erhebliche finanzielle Belastungen mit sich bringen. Medizinische Kosten, therapeutische Behandlungen, die Anschaffung von Hilfsmitteln und möglicherweise der Verlust des Arbeitsplatzes oder Einkommens können zu erheblichen finanziellen Sorgen führen. Diese finanziellen

Belastungen können zusätzlichen Stress und Ängste verursachen und die bereits bestehenden Herausforderungen verstärken.

Der Umgang mit solchen Schicksalsschlägen kann eine lebenslange Herausforderung sein, die sowohl den Betroffenen als auch dessen soziales Umfeld beeinflusst. Im Rahmen der biografischen Arbeit können jedoch Möglichkeiten der Aufarbeitung und Verarbeitung gefunden werden, die dabei helfen, mit diesen Veränderungen umzugehen.

Um den aktuellen physischen und psychischen Gesundheitszustand eines neuen Bewohners in Erfahrung zu bringen, kann ein Anamnesebogen hilfreich sein.

Anamnesebogen für potenzielle Bewohner eines Seniorenheims

Persönliche Informationen:	
1.	Name:
2.	Geschlecht:
3.	Geburtsdatum:
4.	Adresse:
5.	Telefonnummer:
6.	Notfallkontakt:
Medizinische Vorgeschichte:	
1.	Gibt es eine bekannte medizinische Diagnose?
2.	Gibt es Allergien oder Unverträglichkeiten?
3.	Welche Medikamente werden derzeit eingenommen?
4.	Gab es frühere Krankenhausaufenthalte oder Operationen?
5.	Liegen besondere Ernährungsanforderungen vor?
6.	Gibt es spezielle Schlafmuster oder Schlafstörungen?
7.	Sind Hör- oder Sehprobleme bekannt?
8.	Gibt es chronische Schmerzen oder Beschwerden?
Aktueller Gesundheitszustand:	
1.	Gibt es akute oder chronische Erkrankungen?
2.	Sind Mobilitätsprobleme oder Behinderungen vorhanden?
3.	Wie ist der allgemeine Fitnesszustand?
4.	Gibt es kognitive Einschränkungen oder
5.	Liegen Stimmungsstörungen oder Depressionen vor?

6.	Gibt es Probleme mit Blutdruck, Herz oder Atmung?
7.	Sind Diabetes oder andere
8.	Gibt es neurologische Erkrankungen oder Episoden?
9.	Bestehen Probleme mit dem Verdauungssystem
Soziale und psychologische Faktoren:	
1.	Sind soziale Unterstützungssysteme vorhanden?
2.	Besteht das Risiko sozialer Isolation oder Depression?
3.	Gibt es besondere psychologische Bedürfnisse
4.	Wie sieht die aktuelle Lebenssituation aus?
5.	Besteht Interesse an sozialen Aktivitäten oder Hobbys?
Sonstige Informationen:	
1.	Gibt es weitere relevante medizinische Informationen,
2.	Haben Sie Fragen, Anliegen oder Bedenken?

Bitte denken Sie daran, dass dies nur ein generischer Entwurf ist und je nach den spezifischen Anforderungen des Seniorenheims diesen sowie den örtlichen Vorschriften angepasst werden muss. Es ist immer ratsam, medizinische Fachkräfte in den Prozess einzubeziehen, um sicherzustellen, dass der Anamnesebogen vollständig und angemessen ist.

Abbildung 1: Anamnesebogen für Neuaufnahmen (Muster)

4 Wie kann ich eine Biografie erstellen?

Das Erstellen einer Biografie bedarf einer gewissen Vorbereitung, um effizient und zielgerichtet arbeiten zu können. Gerade in der Pflegebranche ist Zeit ein knappes Gut, mit dem sorgfältig gewirtschaftet werden muss. Am Anfang sollten einige Grundüberlegungen getätigt werden, um im nächsten Schritt ein grobes Konzept des geplanten Werkes zu entwerfen.

4.1 Voraussetzungen von Biografiearbeit

Eine Grundvoraussetzung für das biografische Arbeiten mit Senioren ist, dass die betreffende Person überhaupt noch in der Lage ist, einen Beitrag zu leisten. Gerade bei sehr alten Menschen ist die Grenze zur psychischen und kognitiven Leistungsgrenze schnell erreicht. In Interviews können sie den Fragen oft nicht mehr folgen oder wollen mit der Vergangenheit gar nichts mehr zu tun haben. Es gibt keine pauschale Antwort darauf, wann alte Menschen für Biografiearbeit nicht mehr geeignet sind, weil dies von vielen Faktoren abhängt. Wenn eine Person an einer Demenz oder einer anderen neurodegenerativen Erkrankung leidet, kann es schwierig sein, eine Biografiearbeit durchzuführen. In diesem Fall kann die Fähigkeit, sich an Ereignisse aus der Vergangenheit zu erinnern, beeinträchtigt sein. Allerdings ist die Arbeit, abhängig vom Einzelfall, auch bei Menschen mit Demenzerkrankung möglich. Hier kommt den Angehörigen eine wichtige Rolle zu, »indem sie z. B. den Pflegenden Informationen über bedeutsame biografische Hintergründe, zu den Gewohnheiten und Wertvorstellungen des Menschen mit Demenz sowie zur Einschätzung seiner verbal oder durch Verhalten geäußerten Bedürfnisse geben« (Büscher, 2019, S. 28).

Auch für eine Person, die körperlich sehr geschwächt oder beeinträchtigt ist, kann Biografiearbeit eine Belastung bedeuten. Möglicherweise benötigt sie Unterstützung beim Schreiben oder Erzählen ihrer Geschichte. Wenn eine Person an einer schweren psychischen Erkrankung leidet oder anhaltende emotionale Probleme hat, kann es schwierig sein, Biografiearbeit durchzuführen. Manche Menschen haben einfach kein Interesse mehr daran, sich mit der Vergangenheit zu beschäftigen, oder möchten nicht über ihre Vergangenheit sprechen. In diesem Fall sollten ihre Wünsche respektiert werden. Letztendlich hängt es von der individuellen Situation ab, ob eine Person für Biografiearbeit geeignet ist oder nicht. Es ist nicht nur wichtig, die Person zu befragen und ihre Bedürfnisse und Vorlieben zu berücksichtigen, sondern auch, sich empathisch in den Menschen hineinzuversetzen.

Sind Senioren noch zu einer solchen Arbeit in der Lage, ist deren eigene Motivation von größter Bedeutung. Biografisches Arbeiten kann nur gelingen, wenn die Arbeit Freude macht. Die Frage ist, wie man einen Bewohner zu diesem Thema hinführt und die Gesprächsleitung übernimmt. Die meisten Senioren haben sich wahrscheinlich mit biografischer Arbeit noch nicht beschäftigt. Natürlich erzählen sie gern von der Vergangenheit, aber das ist kein strukturiertes Arbeiten. Sehr alte Menschen erzählen oft auch immer wieder dasselbe, ohne weiter darüber nachzudenken.

4.2 Biografiearbeit als Projekt

Das Erstellen einer Biografie unter Projektmanagementgesichtspunkten kann in mehreren Schritten beschrieben werden:

Projektinitialisierung: Zu Beginn des Projekts sollten klare Ziele und Anforderungen für die Biografie definiert werden. Was ist der Zweck der Biografie? Welche Informationen sollen enthalten sein? Wer ist die Zielgruppe? Es ist wichtig, den Umfang und die Erwartungen festzulegen und einen Projektplan zu erstellen.

Ressourcenplanung: Überlegen Sie, welche Ressourcen benötigt werden, um die Biografie zu erstellen. Dazu gehören möglicherweise Recherchematerialien, Interviews mit der betreffenden Person oder ihren Angehörigen, Schreib- oder Bearbeitungswerkzeuge und möglicherweise Unterstützung von Experten, wie einem Ghostwriter oder Lektor.

Zeitplanung: Erstellen Sie einen detaillierten Zeitplan mit Meilensteinen und Fristen für jeden Schritt des Biografieprojekts. Berücksichtigen Sie dabei auch etwaige externe Abhängigkeiten wie beispielsweise das Sammeln von Informationen von anderen Personen.

Recherche und Datenerfassung: Beginnen Sie mit der Recherche und dem Sammeln von Informationen über die betreffende Person. Dies kann das Studium von Dokumenten, Büchern, Artikeln, das Durchführen von Interviews oder das Analysieren von Aufzeichnungen beinhalten. Stellen Sie sicher, dass die Informationen verlässlich und korrekt sind.

Strukturierung und Inhaltsplanung: Legen Sie eine klare Struktur für die Biografie fest, zum Beispiel chronologisch oder thematisch. Planen Sie den Inhalt und die Kapitel, um sicherzustellen, dass die Biografie einen zusammenhängenden und ansprechenden Erzählfluss hat.

Schreib- und Bearbeitungsprozess: Beginnen Sie mit dem Schreiben der Biografie gemäß der vorher festgelegten Struktur und Inhaltsplanung. Überprüfen Sie regelmäßig den Fortschritt und halten Sie sich an den Zeitplan. Beachten Sie dabei auch Feedback und Korrekturen, die von anderen Beteiligten, wie der betreffenden Person oder Lektoren, gegeben werden.

Qualitätskontrolle und Überarbeitung: Überprüfen Sie die Biografie sorgfältig auf Genauigkeit, Konsistenz,

Lesbarkeit und Einhaltung der definierten Ziele. Nehmen Sie gegebenenfalls Anpassungen vor und führen Sie eine gründliche Überarbeitung durch.

Veröffentlichung und Verbreitung: Nach Abschluss der Biografie planen Sie ihre Veröffentlichung und Verbreitung. Dies kann den Druck von Printexemplaren, die Veröffentlichung als E-Book oder die Verteilung an bestimmte Zielgruppen umfassen. Berücksichtigen Sie auch Marketing- und Vertriebsaktivitäten, um die Biografie bekannt zu machen.

Projektabschluss: Schließen Sie das Biografieprojekt formell ab, indem Sie eine Abschlussbewertung durchführen. Reflektieren Sie über die erreichten Ziele, den Projektverlauf und die Lessons Learned für zukünftige Projekte.

Indem Projektmanagementprinzipien auf das Erstellen einer Biografie angewendet werden, kann eine strukturierte und effiziente Vorgehensweise gewährleistet werden, um das Projekt erfolgreich abzuschließen.

Mit dem Schreiben eines biografischen Werkes verhält es sich ähnlich wie mit einem jeden anderen Projekt auch. Bei einem Projekt handelt es sich um ein zeitlich begrenztes Vorhaben zur Schaffung eines einmaligen Produktes.

Ein Erfolgsfaktor biografischer Arbeit ist eine gute Vorbereitung. Grundlegende Fragen sollten bereits im Vorfeld geklärt werden. Dazu gehört an erster Stelle die Definition des Projektumfanges, das heißt, es wird bestimmt, welchen Zweck die Biografie erfüllen und welchen Umfang sie haben soll. Eine Biografie kann auf verschiedene Weise erstellt werden, zum Beispiel durch Interviews mit der Person selbst oder ihren Angehörigen, durch das Sammeln von Dokumenten und Fotos oder durch Recherchen in Archiven und Bibliotheken. Wichtig ist dabei, die Informationen sorgfältig zu prüfen und zu verifizieren.

Eine Pflegekraft hat üblicherweise nicht die Zeit dafür, für jeden Bewohner eine Biografie von Dutzenden Seiten zu lesen, um einen Bewohner kennenzulernen, geschweige denn anzufertigen. Um sich ein ausreichendes Bild von der Person machen zu können, sollte eine Biografie für den pflegerischen Alltag von maximal zehn Seiten ausreichend sein. Eine Kurzbiografie kann allerdings auch als Basis für ein größeres Werk dienen, die dann von Angehörigen, zum Beispiel von den Kindern, weiter ausgearbeitet werden kann.

Überlegen Sie, wie Sie die Biografie strukturieren wollen. Möchten Sie die Biografie chronologisch aufbauen oder sich auf bestimmte Themen oder Lebensabschnitte konzentrieren? Legen Sie eine Gliederung fest, um den Schreibprozess zu erleichtern.

4.3 Vorbereitung biografischer Arbeit

Vor dem Beginn des biografischen Arbeitens mit einem Bewohner sollte man zumindest ein grobes Konzept bezüglich der Vorgehensweise festlegen. Ein grober Leitfaden kann hilfreich sein. Dazu gehören zeitliche Verfügbarkeit, thematische Vorgaben, Form der Arbeit und der Dokumentation sowie das Ziel der Arbeit, zum Beispiel die Ableitung pflegerischer Konsequenzen.

Wichtig ist auch die zeitliche Organisation, das heißt, es

muss die Frage beantwortet werden, wie viel Zeit für die Arbeit zur Verfügung steht und wann diese und vor allem, von wem die Arbeit durchgeführt werden kann. Grundsätzlich sind sowohl das Zweiergespräch als auch Teamarbeit möglich. Sind Interviews geplant, ist das Auswählen von Interviewpartnern, die die jeweilige Person gut kennen und Einblicke in ihr Leben und ihre Persönlichkeit geben können, und eine rechtzeitige Information aller beteiligten Personen erforderlich.

Interviewstruktur, Aspekte und Fakten, die in der Biografie enthalten sein sollen, können in einer Checkliste oder in einem biografischen Fragebogen zusammengetragen werden, um sie in der Folge systematisch abzuarbeiten (siehe Fragebogen A1 im Anhang).

Die Bereitstellung der Arbeitsmittel ist vorzubereiten. Stellen Sie sicher, dass Sie alle notwendigen Schreibmaterialien haben, einschließlich Notizbüchern, Stiften, Laptop und anderer Ausrüstung, die Sie benötigen, um Ihre Nachforschungen durchzuführen und die Biografie zu schreiben.

4.4 Durchführung der biografischen Arbeit

Das Leben eines Menschen besteht aus einer Reihe von Daten, Zahlen und Fakten. Sammeln Sie alle verfügbaren Informationen über die Person: persönliche Daten wie das Geburtsdatum, den Tag der Hochzeit oder den Tag des Einzugs ins Pflegeheim. Zu dieser Datensammlung gehören auch wichtige Ereignisse, Erfolge, Interessen und Beziehungen.

Eine Biografie zu erstellen, bedeutet das sorgfältige Sammeln von Informationen über die betreffende Person.

Zu Beginn der biografischen Analyse bietet sich als einfachster Ansatz die chronologische Vorgehensweise an. Dabei werden der Reihe nach jedem Jahr eines Lebens, von der Geburt bis zum Tod, sofern er bereits eingetreten ist, die Ereignisse zugeordnet, die einem spontan in den Sinn kommen. Mithilfe der Erinnerungsarbeit werden immer wieder Erlebnisse ins Gedächtnis gerufen, die schon lange vergessen waren. Man kann die Liste also regelmäßig überarbeiten, ergänzen und erweitern.

Für die chronologische Darstellung bietet sich beispielsweise ein Excel-Arbeitsblatt als Grundlage an (siehe Fragebogen A2 im Anhang). In der ersten Spalte gibt man das Geburtsjahr in die erste Zelle ein und zieht diese Zelle nach unten, bis der gewünschte Endzeitpunkt erreicht ist. Neben den Jahreszahlen können nun die Ereignisse eingetragen werden, die sich in dem jeweiligen Jahr ereignet haben. Durch regelmäßiges Durchgehen der Tabelle wird man schnell feststellen, dass die Erinnerung immer wieder vergessene Ereignisse hervorbringt, die bereits als verschwunden geglaubt waren.

Um eine detailliertere Aufstellung zu erreichen, kann man die Tabelle nach Monaten oder sogar Tagen aufschlüsseln. Die Ereignisleiste in der horizontalen Achse kann durch beliebig viele Spalten erweitert werden, um noch mehr Informationen festzuhalten. Durch diese differenzierte Aufteilung wird es möglich, einen umfassenden Überblick über die Lebensereignisse zu erhalten und diese in einer klaren zeitlichen Reihenfolge darzustellen.

Die Verwendung eines Excel-Arbeitsblatts ist nur eine von vielen Möglichkeiten, um die Biografie chronologisch zu strukturieren. Es gibt auch andere Tools und Methoden, die verwendet werden können, je nach den individuellen Vorlieben und Bedürfnissen. Das Ziel ist es letztendlich, eine übersichtliche und gut organisierte Darstellung zu schaffen, die es ermöglicht, die Lebensereignisse systematisch zu dokumentieren und nachzuvollziehen.

	A	B	C	D	E
1	Jahr ⌄	Datum ⊤	Ereignis 1 ⌄	Ereignis 2 ⌄	Wichtige Personen ⌄
2	1955	16.04.1955	Geburt		
3	1956	30.06.1956	Geburt meines Bruders Heinz		
6	1959	31.05.1959	Geburt meiner Schwester Christine		
10	1963	10.05.1963	1. Hl. Kommunion		
21	1974	01.09.1974	Bundeswehr		
23	1976		Beginn Studium		
28	1981	Juli	USA Reise		
32	1980	01.09.1980	Berufs		
33	1986	28.08.1986	Heirat		
70	usw				

Abbildung 2: Excel-Arbeitsblatt chronologische Biografie

Interviewstruktur, Aspekte und Fakten, die in der Biografie enthalten sein sollen, können in einer Checkliste oder in einem biografischen Fragebogen zusammengetragen werden, um sie dann in der Folge systematisch abzuarbeiten. Als Betreuer eines Bewohners in einem Seniorenheim gibt es viele biografische Fragen, die Sie stellen können, um Ihren Bewohner besser kennenzulernen und eine Verbindung zu ihm aufzubauen. Die Beantwortung dieser Fragen kann helfen, Ihrem Bewohner das Gefühl zu geben, dass Sie sich für ihn interessieren und sich um ihn kümmern. Außerdem kann das Wissen über die Biografie Ihres Bewohners Ihnen helfen, ihm besser gerecht zu werden und seine Bedürfnisse besser zu verstehen. Hier sind einige mögliche Fragen:

- ➢ Wo sind Sie geboren und aufgewachsen?
- ➢ Können Sie mir etwas über Ihre Familie erzählen?
- ➢ Wie sah Ihr Leben aus, als Sie noch jung waren?
- ➢ Was waren Hobbys oder Interessen in Ihrer Jugend?
- ➢ Was sind heute einige Ihrer Lieblingshobbys oder Interessen?
- ➢ Haben Sie in der Vergangenheit gearbeitet? Wenn ja, wo, und welche Art von Arbeit haben Sie ausgeübt?
- ➢ Haben Sie in Ihrem Leben besondere Reisen unternommen oder Orte besucht, die Sie nie vergessen werden?
- ➢ Haben Sie Kinder oder Enkelkinder? Wie viele und wie alt sind sie?
- ➢ Haben Sie eine Ausbildung oder ein Studium absolviert?
- ➢ Gibt es eine besondere Erfahrung oder ein Ereignis in Ihrem Leben, die oder das Sie besonders geprägt hat?
- ➢ Was sind Ihre liebsten Erinnerungen an Ihre Vergangenheit?
- ➢ Haben Sie Geschwister? Wenn ja, wie viele, und wo sind sie jetzt?
- ➢ Was war das beste Ereignis in Ihrem Leben?
- ➢ Was sind einige Ihrer Lieblingsfilme, -bücher oder -musik?
- ➢ Haben Sie jemals in einem anderen Land gelebt? Wenn ja, wo, und wie war es?
- ➢ Was sind einige Ihrer besten Erinnerungen an Ihre Familie oder Freunde?
- ➢ Haben Sie eine Lieblingsreise, die Sie gemacht haben?
- ➢ Was sind einige Ihrer größten Herausforderungen im Leben gewesen?
- ➢ Was sind einige der wichtigsten Lektionen, die Sie im Leben gelernt haben?

Abbildung 3: Interviewthemen

Diese Fragen können Ihnen helfen, den Bewohner besser kennenzulernen und ein Verständnis dafür zu entwickeln, wer er als Person und was ihm wichtig ist. Es ist jedoch wichtig, einfühlsam und respektvoll zu sein und sicherzustellen, dass der Bewohner sich wohlfühlt und bereit ist, über sein Leben zu sprechen.

4.5 Praktische Probleme in der Biografiearbeit

Biografiearbeit ist in der Altenpflege sehr wichtig, aber sie ist auch sehr zeitaufwendig. Deshalb sollte sie nur von erfahrenen Pflegekräften durchgeführt werden. Das Pflegepersonal steht zu den Bewohnern im engsten Kontakt. Bedauerlicherweise stehen gerade diese Personen unter einem enormen fachlichen und zeitlichen Druck. Durch vorgegebene Personalschlüssel, generellen Fachkräftemangel, der besonders die Pflegebranche hart trifft, sowie häufige Krankheitsfälle sind die Pflegekräfte in der Regel froh, wenn sie das tägliche Arbeitspensum in der zur Verfügung stehenden Zeit und ohne Überstunden bewältigen können. Für persönliche, geschweige denn biografische Arbeit bleibt keine Zeit. Deshalb ist es umso wichtiger, dass die Bedeutung der Biografiearbeit für das Wohlbefinden der Bewohner erkannt wird. Indem man ihr einen höheren Stellenwert einräumt, kann die Zeit dafür besser eingeplant und geschützt werden. Neben einer entsprechenden Priorisierung der Biografiearbeit in der Pflege können in

Schulungen und Fortbildungen die notwendigen Fähigkeiten entwickelt werden, um Biografiearbeit effizienter zu gestalten und trotzdem die Qualität zu sichern.

Ein zentrales Problem ist das Zeitmanagement, das heißt, die zur Verfügung stehende Zeit so effizient wie möglich zu nutzen. Die Biografiearbeit erfordert Zeit, um sich intensiv mit den Lebensgeschichten der Bewohner auseinanderzusetzen. Zeitmangel kann dazu führen, dass Pflegekräfte und Betreuungspersonal die Biografiearbeit vernachlässigen oder das Projekt im schlimmsten Fall nicht erfolgreich umgesetzt wird. Es ist deshalb wichtig, einen klar definierten zeitlichen Rahmen festzulegen und regelmäßige Termine für die Arbeit an den Biografien einzuhalten.

Bei der Durchführung der Biografiearbeit kann man auf weitere praktische Probleme stoßen, die es zu beachten gilt. Dazu gehört die Verfügbarkeit geeigneter Räumlichkeiten. Diese Räume sollten eine ungestörte und vertrauliche Gesprächsatmosphäre ermöglichen. Ein Tisch in der Cafeteria oder einem öffentlichen Aufenthaltsraum mag dafür nicht ideal sein. Es ist ratsam, im Voraus geeignete Räume festzulegen, um bei jedem Termin ein passendes Umfeld zu haben.

Die Biografiearbeit kann zu schwierigen Themen führen, wie zum Beispiel traumatische Erlebnisse, Verluste oder Konflikte. Nicht immer ist Erinnerungsarbeit angebracht, vor allem dann nicht, wenn eher negative Erlebnisse Verletzungen an die Oberfläche bringen, die vielleicht schon abgeschlossen waren (RENAFAN, 2023). Pflegekräfte und Betreuungspersonal müssen darauf vorbereitet sein, mit diesen Themen sensibel umzugehen und angemessene

Unterstützung und Hilfe anzubieten, wenn sie benötigt werden. In Fällen, in denen erkennbar wird, dass aufgrund vergangener Geschehnisse eine weitere Beschäftigung mit dem Thema eine zu große psychische Belastung für den Bewohner entsteht, kann es auch geboten sein, die Biografiearbeit generell abzubrechen.

Aber auch für das Pflegeteam und alle weiteren beteiligten Personen kann die Biografiearbeit emotional belastend sein, insbesondere dann, wenn es um den Umgang mit Tod, Sterben oder schwerer Krankheit geht. Pflegekräfte und Betreuungspersonal müssen sich selbst gut pflegen und für sich selbst sorgen, um emotionalen Belastungen entgegenzuwirken.

Der Datenschutz sollte sorgfältig beachtet werden, insbesondere bei der Biografiearbeit, die das Sammeln persönlicher Informationen über die Bewohnerinnen und Bewohner erfordert. Gemäß der Datenschutzgrundverordnung der EU dürfen die gewonnenen Daten nur »für festgelegte, eindeutige und legitime Zwecke erhoben werden und dürfen nicht in einer mit diesen Zwecken nicht zu vereinbarenden Weise weiterverarbeitet werden« (Art. 5 DSGVO Europäisches Parlament, 2016). In diesem Kontext bedeutet dies, dass die von den Senioren bereitgestellten Informationen ausschließlich für die Erstellung der Biografie verwendet werden dürfen. Ebenso wichtig ist es zu gewährleisten, dass personenbezogene Informationen sicher aufbewahrt werden. Nach Abschluss eines Gesprächs sollten deshalb alle Notizen und Aufzeichnungen an einem Ort aufbewahrt werden, der für Unbefugte nicht zugänglich ist.

Biografiearbeit erfordert oft Ressourcen wie Bücher, Materialien und Schulungen. Mangelnde Ressourcen können dazu führen, dass Pflegekräfte und Betreuungspersonal nicht in der Lage sind, Biografiearbeit in ausreichendem Maße zu leisten.

4.6 Biografiearbeit als Teamwork

Im Rahmen von Teamarbeit können mehrere Pflegekräfte gemeinsam arbeiten, um die Zeitbelastung zu verringern, und sie könnten die Biografiearbeit zeitsparend in die tägliche Pflegearbeit integrieren. Idealerweise sollten nicht nur Pflegekräfte und betroffene Senioren in die Biografiearbeit einbezogen werden, sondern auch Betreuungskräfte, die eine bedeutende Rolle spielen. Oftmals führt die Beschäftigung mit der Biografie einer älteren Person dazu, dass auch Angehörige, wie zum Beispiel die eigenen Kinder, bisher unbekannte Erlebnisse aus vergangenen Zeiten kennenlernen. Angehörige sind von besonderer Bedeutung. Familienangehörige können wertvolle Informationen über das Leben ihrer pflegebedürftigen Angehörigen liefern. Die familiären Kontakte variieren je nach Bewohner erheblich. Manche Menschen erhalten regelmäßig am Wochenende Besuch, andere selten und einige gar keinen. Neben den Angehörigen sind auch Freunde und Bekannte, die häufig zu Besuch kommen, wertvolle Informationsquellen. Sofern möglich, könnten auch Freiwillige oder Praktikanten in die

Biografiearbeit einbezogen werden, um das Pflegepersonal zu entlasten. Sie könnten helfen, Informationen zu sammeln oder Gespräche mit den Bewohnern zu führen.

Auch Sozialbetreuer sind potenzielle Kandidaten, die bei der Arbeit an einer Biografie mitwirken können. »Sozialbetreuer unterstützen Fachkräfte in der Gesundheits- und Krankenpflege älterer oder behinderter Menschen in Altenheimen oder Tagespflegeeinrichtungen, Behinderten-/Reha-Einrichtungen. Sie können aber auch sozialpflegerische Tätigkeiten in Familien übernehmen. Ihre Aufgaben umfassen alle berufstypischen Tätigkeiten aus den Bereichen Alten-, Behinderten- und Familienpflege sowie deren Beratung und Betreuung« (IWK, 2023).

Es ist nicht erforderlich, dass das Team während des gesamten Projektablaufs eine unveränderliche und feste Zusammensetzung hat. Abhängig vom Thema oder der Lebensphase können die Teammitglieder variieren. In diesem Zusammenhang spielt die Teamleitung eine wichtige Rolle. Sie kann bestimmen, welche Personen zu welchem Zeitpunkt benötigt werden. Es ist von Vorteil, flexibel zu sein und die Teamzusammensetzung den Anforderungen anzupassen. Das ermöglicht eine optimale Nutzung der individuellen Erfahrungen der Teammitglieder, um den größtmöglichen Nutzen für die Biografiearbeit zu erzielen. Die Teamleitung sollte auch die Kommunikation und Koordination zwischen den Teammitgliedern sicherstellen. Ein regelmäßiger Austausch zwischen den an der Biografie Mitwirkenden und klare Kommunikationswege sind wesentlich, um sicherzustellen, dass alle Teammitglieder immer auf dem aktuellen Stand der Arbeit sind.

Die Teamleitung kann auch als Ansprechpartner fungieren und bei Konflikten oder Schwierigkeiten unterstützen.

5 Kommunikation in der biografischen Arbeit

Abstrahiert lässt sich Biografiearbeit in drei Komponenten zerlegen: erzählen, zuhören und schreiben. Vertrauensvolle Gespräche sind die Basis für eine fruchtbare Biografiearbeit, und in der Biografiearbeit mit Senioren gibt es eine klare Rollenteilung. Der alte Mensch erzählt und sein Gegenüber nimmt aktiv an der Unterhaltung teil, ohne jedoch den Freiraum der erzählenden Person zu beeinflussen, zu stören oder gar einzuschränken.

5.1 Erzählen

Die Seniorin oder der Senior steht als erzählende Person im Zentrum der Biografiearbeit und nimmt die Rolle des Protagonisten ein. Selbstverständlich spielen im Verlauf eines langen Lebens auch andere Personen, wie Partner oder Kinder, eine wichtige Rolle, die in der Biografiearbeit angemessen berücksichtigt werden sollten. Der Erzähler ist die Hauptfigur, während andere Personen eher Nebenrollen einnehmen, deren Bedeutung jedoch keineswegs unterschätzt werden sollte. Stellen Sie sich nur einen Spielfilm vor, in dem es nur eine Hauptrolle gibt und niemanden, der sie ergänzt. Es ist die Vielfalt der Menschen und Beziehungen, die eine Biografie reich und facettenreich macht.

Die Erzählungen der Hauptperson können äußerst vielfältig sein. Selten folgen sie einer streng logischen Handlung mit einer klaren Abfolge von Ereignissen. Die Personen und Charaktere werden oft weniger objektiv dargestellt, sondern eher aus einer stark subjektiven Sichtweise mit persönlichen Wertungen (wie »Meine Enkelin ist ein Goldschatz« oder »Meine Chefin war immer eine Schlange«). Ebenso wichtig ist die Beschreibung der Orte und der Zeit, in denen die erzählten Geschichten stattfinden. Es geht darum, die Atmosphäre und den Kontext der Erlebnisse zu vermitteln.

Die Erzählatmosphäre spielt eine entscheidende Rolle. Stress und Anspannung können sich negativ auf die Fähigkeit zur Erinnerung auswirken. Durch das Erzählen von Geschichten aus der Vergangenheit und den Austausch mit anderen Menschen in einer entspannten Atmosphäre können Erinnerungen geweckt und gefördert werden. Beim Teilen von Erlebnissen und dem Zuhören der Geschichten anderer können Erinnerungen aktiviert werden und neue Verknüpfungen im Gedächtnis entstehen. Durch das Schaffen einer optimalen Umgebung kann der Geist zur Ruhe kommen und ein optimaler Zustand für den Zugriff auf Erinnerungen geschaffen werden.

5.2 Aktives Zuhören

Eine effektive Zuhörerrolle erfordert eine professionelle und konzentrierte Herangehensweise. Es gibt einige Schlüsselprinzipien, die beachtet werden sollten, um aktiv und einfühlsam zuzuhören.

Widmen Sie den Erzählenden Ihre uneingeschränkte Aufmerksamkeit. Vermeiden Sie Ablenkungen und konzentrieren Sie sich auf das Gesagte, um sowohl die Worte als auch die dahinterliegende Bedeutung aufzunehmen und zu verstehen. Menschen, die etwas aus ihrer Sicht Bedeutendes erzählen, haben ein sehr feines Gespür dafür, ob der Zuhörer wirklich bei ihnen ist.

Seien Sie offen für die Sichtweisen, Meinungen und Ideen der Erzählenden, selbst dann, wenn Sie anderer Meinung sind. Bedenken Sie, dass Sie nicht Ihre eigene Geschichte, sondern die des betreffenden älteren Menschen niederschreiben. Bemühen Sie sich, den Standpunkt des Sprechers zu erfassen und zu akzeptieren, auch wenn Sie eine andere Perspektive haben. Zeigen Sie Bereitschaft, zuzuhören und zu verstehen, statt zu unterbrechen oder abzuweisen. Geben Sie dem Sprecher Feedback durch gezieltes Nachfragen, um zu zeigen, dass Sie aufmerksam zuhören und sein Anliegen verstehen möchten, was genau er zum Ausdruck bringen möchte. Nutzen Sie nonverbale Signale wie Nicken, Blickkontakt oder kurze Zusammenfassungen, um zu zeigen, dass Sie aktiv präsent sind.

Wenn ein Biograf mit alten Menschen spricht, um eine wertschätzende und würdigende Kommunikation aufzubauen, gibt es einige wichtige Punkte zu berücksichtigen. Hier sind einige Empfehlungen:

Respekt und Empathie zeigen: Zeigen Sie den älteren Menschen Respekt und Anerkennung für ihr Leben und ihre Erfahrungen. Hören Sie aufmerksam zu und zeigen Sie echtes Interesse an ihren Geschichten und Erlebnissen. Empathie ist dabei von großer Bedeutung, um sich in ihre Lage zu versetzen und ihre Perspektiven zu verstehen.

Offene und einfühlsame Fragen stellen: Stellen Sie offene Fragen, die Raum für ausführliche Antworten bieten. Fragen Sie nach Erinnerungen, Erfahrungen und Einsichten. Zeigen Sie Interesse an den Details und ermutigen Sie sie, ihre Geschichten zu erzählen. Vermeiden Sie geschlossene Fragen, die nur mit Ja oder Nein beantwortet werden können.

Geduld haben: Ältere Menschen benötigen möglicherweise etwas mehr Zeit, um sich auszudrücken oder ihre Gedanken zu sammeln. Geben Sie ihnen genügend Raum und Zeit, um ihre Erinnerungen zu teilen. Drängen Sie sie nicht und zeigen Sie Verständnis, wenn sie Pausen brauchen.

Aktives Zuhören: Zeigen Sie durch nonverbale Signale wie Blickkontakt, Nicken und ein aufmerksames Lächeln, dass Sie aktiv zuhören. Wiederholen Sie gelegentlich zusammenfassend, was sie gehört haben, um zu zeigen, dass Sie das Gesagte verstehen und wertschätzen.

Authentisch sein: Seien Sie ehrlich und authentisch in Ihrer eigenen Kommunikation. Teilen Sie auch etwas von sich selbst mit, um eine Verbindung herzustellen und eine vertrauensvolle Atmosphäre zu schaffen. Zeigen Sie, dass Sie offen für neue Perspektiven und Erfahrungen sind.

Sensibel sein: Seien Sie sensibel gegenüber den Emotionen und Bedürfnissen der älteren Menschen. Einige Themen könnten schmerzhaft sein oder unangenehme Erinnerungen hervorrufen. Respektieren Sie die Grenzen Ihres Gegenübers und seien Sie bereit, das Thema zu wechseln oder Pausen einzulegen, wenn es nötig ist.

Würde wahren: Behandeln Sie die älteren Menschen mit Würde und Respekt. Vermeiden Sie abwertende Sprache oder herablassende Haltung. Achten Sie darauf, dass Sie keine unangemessenen Fragen stellen oder in persönliche Bereiche vordringen, wenn die Person nicht dazu bereit ist.

Dankbarkeit ausdrücken: Zeigen Sie Ihre Wertschätzung für die Zeit und die Geschichten, die Ihnen von den älteren Menschen anvertraut werden. Bedanken Sie sich für deren Offenheit und betonen Sie, wie wertvoll ihre Erfahrungen sind.

Indem Sie diese Prinzipien beachten, können Sie eine wertschätzende und würdigende Kommunikation mit älteren Menschen aufbauen und eine Umgebung schaffen, in der sie sich wohl- und respektiert fühlen, um ihre Geschichten zu teilen.

Jeder Mensch hat einen individuellen Erzählstil. Manche sprechen schnell und fließend, während andere langsam und nachdenklich erzählen, abhängig vom Thema. Hören Sie geduldig zu und geben Sie dem Sprecher ausreichend Zeit, seine Gedanken auszudrücken. Lassen Sie Pausen und Momente des Schweigens zu. Unterbrechen Sie nicht, und haben Sie keine Eile. Gewähren Sie dem Sprecher die Zeit, die er benötigt, um seine Meinung vollständig zu äußern.

Bemühen Sie sich, die Perspektive des Sprechers zu verstehen und Empathie für seine Gefühle und Meinungen zu zeigen. Zeigen Sie aufrichtiges Verständnis, aber vermeiden Sie falsches oder vorgetäuschtes Verständnis. Unterstützen Sie den Sprecher in seinen Äußerungen. Schaffen Sie eine positive und unterstützende Gesprächsatmosphäre, um ein offenes und respektvolles Gespräch zu ermöglichen.

5.3 Schreiben

Der Schreibprozess begleitet die Phasen des Erzählens und Zuhörens, denn während des Erzählens nimmt der Biograf wichtige Notizen auf, anstatt untätig dazusitzen. In dieser Phase des Schreibens geht es weniger um klare und korrekte Formulierungen, sondern vielmehr darum, das Wesentliche dessen einzufangen, was der Erzähler vermitteln möchte. Es kann auch hilfreich sein, das gesammelte Material durch Audioaufnahmen zu ergänzen.

Nach den Gesprächen und Interviews sollte das gesammelte Material in eine klare Struktur gebracht werden. Eine Gliederung kann dabei unterstützen, sicherzustellen, dass die Erzählung einen klaren Anfang, eine Mitte und ein Ende hat.

Die Charaktere in der Lebensgeschichte sollten sorgfältig beschrieben werden, damit der Leser sich ein Bild von den Personen machen kann, die das Leben unserer Senioren geprägt haben. Eine detaillierte Beschreibung von Orten und Charakteren kann dazu beitragen, die Atmosphäre und Stimmung der Erzählung zu unterstützen. Es ist wichtig, dass die Beschreibung präzise und ausdrucksstark ist und das vermittelt, was der Erzähler letztendlich sagen möchte. Dadurch kann der Leser oder Zuhörer ein klares Bild von der Szenerie erhalten.

Die verwendete Sprache in der Erzählung hat einen großen Einfluss auf die Stimmung, den Ton und die Atmosphäre. Es ist entscheidend, eine klare und verständliche Sprache zu verwenden, die dem Stil und dem Thema der Lebensgeschichte angemessen ist. Bei der Niederschrift der Erzählung sollte man sich möglichst nahe an die Sprache des Seniors anlehnen, um nicht als fremd oder unpassend wahrgenommen zu werden und somit dessen gesamte Lebensgeschichte unglaubwürdig zu machen.

6 Formen der Biografie

Für eine Biografie bieten sich verschiedene Varianten an, und es braucht vielleicht einige Zeit, um die eigene Linie zu finden. Naheliegend ist die Beschreibung des eigenen Lebens in einer chronologischen Reihenfolge, auch die Beschränkung auf wichtige Episoden im Leben in Form von Memoiren bietet sich an. Für bestimmte Zwecke oder in bestimmten Situationen, gerade im Bereich der Pflege, in der Zeitmangel ein entscheidender Faktor ist, eignen sich eine Kurzbiografie oder eine Ultrakurzform mit Fokussierung auf die wichtigsten Stationen des Lebens.

Beim biografischen Schreiben lassen sich zwei Grundformen unterscheiden, die Biografie und die Autobiografie. Der Hauptunterschied besteht in der Position des Erzählers.

6.1 Biografie und Autobiografie

Eine Biografie ist die Darstellung des Lebens einer Person, die von einem Autor geschrieben wird. Im Gegensatz dazu berichtet eine Autobiografie über das Leben einer Person aus deren Perspektive. Im vorliegenden Kontext, der Schreibarbeit über das Leben von Senioren, wird die Schreibarbeit oft von einer außenstehenden Person erledigt, ändert aber nichts an der Form der Icherzählung.

Biografien sind uns in der Regel im Zusammenhang mit bekannten Persönlichkeiten des öffentlichen Lebens vertraut. Solche Biografien zielen oft auf eine breite Leserschaft ab und berücksichtigen auch wirtschaftliche Aspekte, wie mögliche Verkaufszahlen und das Umsatzpotenzial. Im Gegensatz dazu werden Autobiografien oft für den privaten Bereich geschrieben, um die eigene Familie zu erfreuen. Insbesondere im privaten Umfeld werden häufig kürzere Versionen der Lebensgeschichte in Form einer Kurzbiografie bevorzugt. Auch in der Arbeit mit Senioren ist dies aufgrund zeitlicher Begrenzungen üblich.

Eine Autobiografie kann chronologisch aufgebaut sein und eine Lebensgeschichte von der Geburt bis zur Gegenwart umfassen. Inhaltlich sollte eine Autobiografie der Wahrheit entsprechen, das heißt, die berichteten Ereignisse und Fakten dürfen nicht erfunden sein. Allerdings ist Wahrheit ein subjektiver Begriff, weil jeder Mensch seine eigene Sichtweise auf die Wahrheit hat. Besonders im Rückblick betrachtet man Dinge oft anders als im Moment des Erlebens. Ereignisse und das eigene Verhalten werden manchmal idealisiert dargestellt. Es gibt auch das Phänomen der Erinnerungsverklärung, bei der man dazu neigt, die Vergangenheit als besser und positiver wahrzunehmen. Wenn in einer Autobiografie bewusst von den tatsächlichen Ereignissen abgewichen wird und zusätzlich Personen und Geschichten erfunden werden, kann daraus ein autobiografischer Roman entstehen.

6.2 Memoiren

Es gibt Situationen, in denen es nicht immer sinnvoll ist, reine Lebensdaten chronologisch aufzuführen. Oftmals prägen bestimmte Phasen ein Leben in besonderem Maße, während andere Phasen oder Ereignisse weniger erwähnenswert sind. In solchen Fällen können Memoiren eine geeignete Form sein, um ausgewählte Ausschnitte eines Lebens darzustellen.

Memoiren bieten die Möglichkeit, episodenhafte Lebensgeschichten zu erzählen, die sich auf zeitgeschichtlich bedeutende Phasen eines Lebens konzentrieren. Ein Beispiel dafür könnte die Phase der aktiven Mitwirkung in der Politik sein. In solchen Memoiren liegt der Fokus auf den Ereignissen und Erfahrungen während dieser bedeutsamen Zeitspanne, während andere Aspekte, wie die Schulzeit oder die Rente, möglicherweise weniger Interesse für den Leser haben.

Die Verwendung von Memoiren als Form der

biografischen Arbeit ermöglicht es, den Fokus auf die Höhepunkte und entscheidenden Momente eines Lebens zu legen. Durch die gezielte Auswahl und Darstellung dieser Episoden entsteht ein lebendiges Bild, das dem Leser einen tieferen Einblick in die Lebenserfahrungen und die Persönlichkeit der Erzählenden vermittelt. Dabei geht es nicht nur um das Erzählen von Fakten, sondern auch um die emotionale Resonanz und die Reflexion über die Bedeutung dieser Ereignisse im Kontext des eigenen Lebens.

Memoiren sind demnach eine ansprechende Möglichkeit, um die eigene Lebensgeschichte zu teilen und den Leser auf eine fesselnde und bedeutungsvolle Reise mitzunehmen.

6.3 Tagebuch

Eine bemerkenswerte Methode der autobiografischen Arbeit ist das Tagebuchschreiben. Wenn ältere Menschen dazu ermutigt werden, täglich Aufzeichnungen zu machen, ermöglicht dies eine tiefgründige Selbstreflexion. Das Schreiben eines Tagebuchs erlaubt es Senioren, ihre Gefühle, Stimmungen und Bedürfnisse auszudrücken, wodurch sie sowohl mental als auch emotional aktiv bleiben. Betreuer können dabei eine wichtige Rolle spielen, indem sie Anleitungen zum Tagebuchschreiben geben und Gruppenveranstaltungen initiieren, die diesen Prozess unterstützen.

7 Lebensgeschichten in Kurzform

7.1 Fall 1

Die Biografie »Paul Ehrlich – ein Jahrhundertzeuge« fesselt den Leser von der ersten bis zur letzten Seite durch eine bewegende Lebensgeschichte und die subjektive Sicht historischer Fakten. Geboren 1927 im Leipzig der Weimarer Republik, wächst Paul zunächst unbeschwert auf dem Lande auf, wo er als Waise von seinem Großvater, einem Tischlermeister, großgezogen wird. Dieser erkennt früh die Kreativität und das handwerkliche Geschick seines Enkels und sieht in ihm schon seinen würdigen Nachfolger in diesem edlen Handwerk. Doch der Heranwachsende wird nach einer zunächst glücklichen Jugend, wie Tausende seiner gleichaltrigen Zeitgenossen, in den Bann des nationalsozialistischen Wahnsinns gezogen. Er meldet sich im Alter von fünfzehn Jahren zusammen mit seinen Klassenkameraden freiwillig zur Luftabwehr, um seine in der Hitlerjugend eingetrichterten Ideale zu verteidigen. Der anfängliche Enthusiasmus wandelt sich jedoch schnell zum Albtraum, und der patriotische Stolz weicht der Todesangst im blutigen Gefecht. Binnen weniger Wochen muss Paul erleben, wie Dutzende seiner Freunde grausam sterben. In psychologisch tiefgründiger Darstellung erfährt der Leser, warum Paul nach dem Krieg dennoch die Sprache des Feindes erlernt und sich in Leipzig zum Dolmetscher für die russische Sprache ausbilden lässt. Er macht Karriere als Manager und baut für einen russischen Maschinen-bauer eine Produktionsstätte in Ostdeutschland auf. Die Erkenntnis, dass letztlich bei jeder Art von Entscheidung politische Motive erste Priorität genießen, lässt Paul jedoch bald in eine Stimmung der Perspektivlosigkeit verfallen. Er entscheidet sich für einen Neuanfang und zieht 1956 nach Hamburg. Sehr schnell spürt Paul, dass das Lebensgefühl der Menschen in der nach wirtschaftlichem Erfolg streben-den Bundesrepublik der Fünfzigerjahre ein völlig anderes ist als das in seiner vorherigen Heimat. Nach einigen Start-schwierigkeiten und diversen unbedeutenden Jobs schafft er es wieder in eine Festanstellung in einer Maschinen-fabrik. Er nutzt die ihm gebotenen Chancen und wird mit Anfang vierzig zum Verkaufsleiter befördert. Einer der persönlichen Höhepunkte in dieser Zeit ist es, sein Unter-nehmen auf einer beutenden Messe in seiner Heimat-stadt, der Messestadt Leipzig, repräsentieren zu dürfen. Als gut vernetzte Führungskraft in einem Unternehmen einer Schlüsselindustrie, das erheblich zum Wirtschafts-wachstum einer Volkswirtschaft beiträgt, ist Paul mit seinem Fach- und Insiderwissen eine stark umworbene Persönlichkeit. An ihn tritt in Leipzig die Staatssicherheit mit attraktiven finanziellen Angeboten für die Beschaffung vertraulicher Informationen heran. Zurück in Hamburg interessiert sich auch der BND für eine Zusammenarbeit. Die Chance, Agent für den Osten oder den Westen oder gar Doppelagent werden zu können, ist für Paul fast etwas Irreales. Zeit seines Lebens versucht er, immer nach seinen Idealen zu leben, die mindestens in einer Phase seines Lebens leider völlig falsch waren. In seinem jetzigen Leben sind Ideale wichtiger denn je, aber sie sind nicht mehr politisch und schon gar nicht materiell motiviert. Es sind persönliche Freiheit und Selbstbestimmung – mit einem Agentenleben unvereinbar.

7.2 Fall 2

Die Biografie von Heidi Strauß beschreibt auf eindrucksvolle Weise die Wandlungen einer Frau in einer modernen Gesellschaft, in der sich Menschen immer mehr aus familiären und lokalen Zusammenhängen lösen und dadurch neue Handlungsspielräume schaffen. Heidi Strauß, eine attraktive und gut aussehende Grundschullehrerin, bekommt von ihren Freunden zum vierzigsten Geburtstag einen Singleurlaub in Andalusien geschenkt. Völlig verunsichert und mit gemischten Gefühlen, lässt Heidi sich von den Freunden dazu drängen, die Reise anzutreten. Bei einer ersten gemeinsamen Abendveranstaltung mit anderen Singles lernt sie Karl Mainzer kennen. Nach seiner Scheidung und Jahren des Alleinlebens will der Manager eines internationalen Chemiekonzerns wieder in einer geordneten

Beziehung leben, nicht zuletzt auf Druck seines Sohnes und seiner Schwiegertochter. Mit Heidi glaubt er, die Frau gefunden zu haben, die seinem Leben die lang erhoffte Wendung geben könnte. Die Beziehung entwickelt sich gut und drei Monate nach ihrem gemeinsamen Urlaub heiraten sie auf Mallorca. Doch schon bald erkennen beide, dass das Singledasein Karl und Heidi auf unterschiedliche Weise geprägt hat. Während Karl nach der Trennung von seiner ersten Frau permanent auf der Suche nach einer neuen Partnerin war, genoss Heidi das Leben nach der Scheidung. Nach anfänglich schwierigen Zeiten entwickelt sie neues Selbstvertrauen und baut sich einen großen Freundeskreis auf. Karl widmet sich nach den Flitterwochen wieder voller Elan seiner Managementtätigkeit, Heidi beginnt, sich seit langer Zeit erstmals wieder allein und eingeengt zu fühlen. Karls Sohn Bernd und dessen Frau Marianne verhalten sich Heidi gegenüber distanziert, geben ihr oft das Gefühl, als sei sie kein echtes Mitglied der Familie. Bernd und Marianne führen ein gutbürgerliches Leben. Bernd arbeitet als Betriebswirt bei den Stadtwerken, Marianne als Verkäuferin in einer Boutique. Kurz nach der Fertigstellung ihres Einfamilienhauses kommt Karls erstes Enkelkind zur Welt. Von Heidi wird nun unausgesprochen die Rolle einer fürsorgenden Oma erwartet, wozu sie aber emotional nicht in der Lage ist. Auf der Feier zum 25. Berufsjubiläum eines Lehrerkollegen lernt Heidi Caroline kennen, die als Ausbildungsleiterin in einem bayerischen Automobilkonzern tätig ist. Die gelernte Maschinenbauingenieurin fasziniert Heidi von der ersten Sekunde an. Sie arbeitet im Einvernehmen mit ihrem Arbeitgeber nebenberuflich als Fotomodell und ist oft im Monatsmagazin des Unternehmens zu sehen. Zwischen den beiden Frauen entsteht eine enge Freundschaft. Sie treffen sich regelmäßig in der Innenstadt, manchmal nur zum Essen oder auf einen Kaffee, aber sie unternehmen an den Wochenenden auch gemeinsame Radtouren und Wanderungen in den Bergen. Zunehmend empfindet Heidi ihre neue Lebensform in der zweiten Ehe als Rückschritt. Sie bewundert Caroline, ihre Freiheit und ihre Lebensgestaltung. Durch ihre akademische Ausbildung, die Führungsposition im Unternehmen und ihre Modelltätigkeit ist Caroline auch finanziell gut ausgestattet. Nach langen schlaflosen Nächten und zahlreichen Gesprächen mit Caroline, mit ihrer Tochter aus erster Ehe und ihrem Therapeuten entscheidet sich Heidi, ihrem Leben noch einmal eine neue Wende zu geben. Sie bewirbt sich auf eine Schulleiterposition in Hamburg, die sie bekommt, zieht in eine kleine Wohnung mit Alsterblick und immatrikuliert sich für ein Fernstudium in Philosophie. Nach fünf Jahren heiratet sie zum dritten Mal, einen Professor für Germanistik. Caroline wird ihre Trauzeugin.

7.3 Fall 3

Die Biografie von Frau P., 87 Jahre alt, beschreibt die Geschichte einer Bewohnerin, die vor wenigen Wochen in ein Pflegeheim eingezogen ist. Frau P. wird im Jahre 1930 als Tochter eines Beamten in Hof geboren. Sie wächst mit zwei Geschwistern in einer glücklichen Familie auf. Die

Bewohnerin denkt gern an die Zeit ihrer Kindheit zurück, die leider sehr früh für sie zu Ende war. Im Jahre 1945 wird ihre Heimatstadt bei mehreren Luftangriffen bombardiert, in der Bevölkerung gibt es erhebliche Verluste. Truppen der US-Armee besetzen die Stadt im April 1945 auf ihrem Vormarsch nach Osten. Bis zum Jahr 1955 gehört die Stadt zur amerikanischen Besatzungszone und gilt als erste Zufluchtsstätte für Heimatvertriebene. Die Einwohnerzahl in der Stadt und der Umgebung wächst dadurch stark an. Es entstehen neue Wohnsiedlungen, und Firmengründungen schaffen neue Arbeitsplätze. In diesen Jahren wird Frau P. erwachsen. Sie heiratet, erlernt den Beruf der Verwaltungsangestellten und arbeitet mehrere Jahre als Schreibkraft im Arbeitsamt. In den letzten Vorrentenjahren ist sie als Leiterin in einem Großraumbüro tätig. Der Job macht ihr viel Spaß, sie lebt in ihrem Beruf auf. In ihrer Freizeit reist sie gern in der Welt herum. Mit ihrem Mann besucht sie unter anderem Kanada und Italien. Die Ehe bleibt kinderlos. Frau P. machte sich nicht viel aus Sport, liest aber gern Bücher und Zeitungen. Zu ihren Hobbys zählen Rätsel aller Art, die sie immer noch gern löst. Nach dem Tod ihres Mannes bekommt Frau P. Unterstützung von ihrer früheren Nachbarin und inzwischen guten Freundin Frau M. Als Frau P. an Diabetes erkrankt und dadurch später ihr Bein verliert, hilft Frau M. ihr im Haushalt und beim Duschen. Erst als die Gesundheit noch mehr nachlässt und das eigenständige Leben in der Wohnung nicht mehr möglich ist, zieht Frau P. im Jahre 2016 ins Heim. Sie lässt sich ihr Zimmer nach ihrem Geschmack einrichten, mit einem Fernseher und ein paar persönlichen Sachen. Es gibt eine Tür zur Terrasse, wo die Bewohnerin gern Zeit bei schönem Wetter verbringt. Die Katzen aus der Nachbarschaft kommen öfter vorbei. Diese Tiere sind die größte Leidenschaft von Frau P. Früher hatte sie immer Katzen, und sie hätte auch jetzt gern eine gehabt, was hier leider nicht möglich ist. Frau P. nimmt kaum an den gemeinsamen Beschäftigungsangeboten teil, vor allem weil sie schlecht hört und deswegen Gesprächen schwer folgen kann. Weil sie auf einem Auge blind ist, kann sie auch bei den Bastelstunden nicht mitmachen. Die Bewohnerin schaut in ihrem Zimmer gern laut fern. Besonders Tiersendungen interessieren sie sehr. Fast jeden Tag kommt die Freundin Frau M. vorbei. Zusammen lösen sie Rätsel und besprechen alle Themen. Frau P. hat ein heiteres Wesen und versucht, die Situation zu akzeptieren. Zu anderen Bewohnern, besonders zu den Tischnachbarn, besteht ein guter Kontakt. Frau P. möchte auch weiterhin so wenig wie möglich fremde Hilfe in Anspruch nehmen und hofft, dass ihr Gesundheitszustand sich nicht verschlechtern wird.

8 Fazit

Durch die Beschäftigung mit der eigenen Lebensgeschichte können Senioren ihr Selbstbewusstsein stärken und ein Gefühl von Wertschätzung erfahren. Sie haben die einzigartige Möglichkeit, ihre Erfahrungen und Erlebnisse zu teilen und anderen Menschen wertvolle Lektionen zu vermitteln. Biografiearbeit kann auch für Pflegekräfte von großer Hilfe sein, indem sie die individuelle Geschichte des Seniors kennenlernen, um so besser auf dessen Bedürfnisse eingehen zu können. Dies ermöglicht eine maßgeschneiderte und angemessene Betreuung. Zusätzlich bietet Biografiearbeit auch aus wissenschaftlicher Sicht spannende Einblicke in vergangene Zeiten und trägt zur Geschichtsforschung bei. Insgesamt eröffnet die Arbeit an der eigenen Lebensgeschichte zahlreiche positive Effekte – sowohl für den Senior selbst als auch für seine Umgebung. Es lohnt sich deshalb, diese Methode vermehrt in Alten- und Pflegeheimen einzusetzen, weil Biografiearbeit mit Senioren für alle Beteiligten einen enormen Nutzen bietet. Die Möglichkeiten biografischer Arbeit sind vielfältig, von der chronologischen Berichterstattung bis zur Schilderung einzelner Lebensabschnitte in Form von Memoiren ist alles möglich.

Quellennachweis

BMFSFJ (2015). Charta der Rechte hilfe- und pflegebedürftiger Menschen. *Charta der Rechte hilfe- und pflegebedürftiger Menschen* (Stand: 2019), 1–23, abgerufen von:
www.bmfsfj.de.

BMJ (2023). Anlage 2 PflAPrV – Einzelnorm. Zuletzt abgerufen am 26. März 2023: https://www.gesetze-im-inter-
net.de/pflaprv/anlage_2.html.

Büscher, A. et al. (2019). *Expertenstandard Beziehungs-
gestaltung in der Pflege von Menschen mit Demenz, Deutsches
Netzwerk für Qualitätsentwicklung in der Pflege (DNQP)*.

DESTATIS (2023). Bevölkerung nach Altersgruppen.
Statistisches Bundesamt. Zuletzt abgerufen am 5. März
2023: https://www.destatis.de/DE/Themen/Gesellschaft-
Umwelt/Bevoelkerung/Bevoelkerungsstand/Tabellen/be-
voelkerung-altersgruppen-deutschland.html.

Europäisches Parlament (2016). Art. 5 DSGVO – Grund-
sätze für die Verarbeitung personenbezogener Daten,

Datenschutz-Grundverordnung (DSGVO). Zuletzt abgerufen am 22. Juni 2023: https://dsgvo-gesetz.de/art-5-dsgvo/.

IWK (2023). IWK – Bildung im Gesundheits- und Sozialwesen. Sozialbetreuer/-in. Zuletzt abgerufen am 26. März 2023: https://www.iwk.eu/37-angebote/ausbildung-berufsbild/pflegerische-berufe/544-sozialbetreuer-in.

RENAFAN (2023). Biografiearbeit in der Pflege | RENAFAN GmbH. Zuletzt abgerufen am 23. Juli 2023: https://www.renafan.de/biografiearbeit.

Specht-Tomann, M. (2018). *Die Bedeutung des biografischen Ansatzes in der Kranken- und Altenpflege* (3. Auflage). Berlin, Heidelberg: Springer Berlin Heidelberg.

Weiterführende Literatur

Bartholomeyczik, S. & Holle, B. (2011). *Biographiearbeit in der Pflege: Ein Handbuch für Ausbildung und Praxis.* Elsevier.

Büscher, A. & Oldengott, M. (2015). *Biographiearbeit in der Altenpflege: Eine Anleitung für Ausbildung und Praxis.* Kohlhammer.

Gattermann, R. & Reimer, A. (2012). *Biographiearbeit in der Pflege: Grundlagen, Methoden, Praxisbeispiele.* Hans Huber.

Möller, A. (2012). *Lebensgeschichten in der Altenpflege: Biographiearbeit in Theorie und Praxis.* Klett-Cotta.

Schmidl, S. (2016). *Biographiearbeit in der Altenpflege: Lebensgeschichten wertschätzend begleiten.* Carl Link.

Schönhammer, R. & van Bredow, A. (2014). *Biographiearbeit in der Pflege: Konzepte, Methoden, Praxis.* Vincentz Network.

Wachtler, R. (2015). *Biographiearbeit in der Pflege: Ein Praxisbuch für die Arbeit mit alten Menschen.* Gräfe und Unzer.